피할 수 없는 듣기 싫은 말 백배 활용법

일러두기
1. 이 책에 나오는 다양한 인물과 사례는 책의 메시지를 보다 분명하게 전달하기 위해 작가의 상상과 가공을 거쳐 창작된 허구임을 밝힙니다.
2. 독자의 이해를 돕고 작가의 의도를 잘 드러내기 위해 일부 입말체 표현을 사용하였습니다.

피할 수 없는 듣기 싫은 말 백배 활용법

초판 1쇄 발행 2025년 8월 21일

지은이 이윤경

펴낸이 조기흠
총괄 이수동 / **책임편집** 유지윤 / **기획편집** 박의성, 최진, 이지은
마케팅 박태규, 임은희, 김예인, 김선영 / **제작** 박성우, 김정우
교정교열 남은영 / **디자인** 나침반

펴낸곳 한빛비즈(주) / **주소** 서울시 서대문구 연희로2길 62 4층
전화 02-325-5506 / **팩스** 02-326-1566
등록 2008년 1월 14일 제 25100-2017-000062호

ISBN 979-11-5784-823-2 (03190)

이 책에 대한 의견이나 오탈자 및 잘못된 내용은 출판사 홈페이지나 아래 이메일로 알려주십시오.
파본은 구매처에서 교환하실 수 있습니다. 책값은 뒤표지에 표시되어 있습니다.

⌂ hanbitbiz.com ✉ hanbitbiz@hanbit.co.kr ▯ facebook.com/hanbitbiz
Ⓝ blog.naver.com/hanbit_biz ▶ youtube.com/한빛비즈 ⓘ instagram.com/hanbitbiz

Published by Hanbit Biz, Inc. Printed in Korea
Copyright © 2025 이윤경 & Hanbit Biz, Inc.
이 책의 저작권은 이윤경과 한빛비즈(주)에 있습니다.
저작권법에 의해 보호를 받는 저작물이므로 무단 복제 및 무단 전재를 금합니다.

지금 하지 않으면 할 수 없는 일이 있습니다.
책으로 펴내고 싶은 아이디어나 원고를 메일(hanbitbiz@hanbit.co.kr)로 보내주세요.
한빛비즈는 여러분의 소중한 경험과 지식을 기다리고 있습니다.

그 어떤 피드백에도 휘청이지 않겠다는 다짐

이윤경 지음

피할 수 없는
듣기 싫은말
피드백 100배 활용법

한빛비즈

들어가며

피드백을 다루는 태도가
곧 나의 브랜드

피드백^{feedback}에 관한 이야기에 앞서 요즘 주목받는 셀프 브랜딩에 대해 이야기해보려 한다. 시대에 따라 일부 언어의 쓰임새가 달라지는 것을 실감한다. 대표적으로 '브랜드'가 그러하다. 내가 어렸을 때만 해도 '브랜드'는 백화점에서 파는 옷이었는데, 이젠 도시도 사람도 브랜드가 되는 시대다. 송길영 작가는 저서 《시대예보: 호명사회》에서 우리는 더 이상 조직 뒤에 숨을 수 없다고 말한다. "불안녕의 시대에 우리가 먹고사는 방법은 '내 이름'을 찾는 것"이란 그의 말에 고개가 절로 끄덕여지면서도 한편으론 그것이 일부 유명 인사에게나 적용되는 이야기처럼 느껴지기도 한다. 그런데 정말 그럴까?

　소셜미디어를 통해 나의 일거수일투족이 기록되고 공개되며 불특정 다수에게 인지된다. 내가 서점에서 어떤 책을 골라

들었는지, 이번 주말 어떤 팝업스토어에 다녀왔는지 데이터가 쌓인다. 이런 행동들이 쌓여 결국 나의 이미지를 만든다. 그러니 "저 셀프 브랜딩에 관심 있어요"라고 말하는 이들만 브랜딩을 하는 게 아니다. 당신도 이미 부지불식간에 브랜딩을 하고 있다.

꽤 오래전에 한 커뮤니티에서 좀처럼 잊히지 않는 글을 읽은 적이 있다. 말투나 아이디로 미뤄보았을 때 당시 60대 중반의 남성분이 쓴 글로 기억한다. 그는 익명의 힘을 빌려 자신의 답답한 마음을 털어놓았다.

"저는 한 직장에서 35년을 근속하고 얼마 전 퇴직했습니다. 밤낮없이 일하며 조직에 헌신했고 그 돈으로 가족들을 건사했으니 이만하면 성공한 인생이라고 생각했습니다. 하지만 퇴직하고 몇 개월 집에 있다 보니 자부심은 헛헛함으로 변했습니다. 예전엔 어디 다니는 OOO 부장이라고 나를 소개할 수 있었지만 이젠 명함 없는 인생이 되어버렸습니다. 그 오랜 시간을 헌신했는데 이젠 나를 설명할 수 있는 단 한 줄이 없습니다. 100세 인생이라 하니 앞으로 살날이 30년은 더 남았는데… 쓸모없는 존재가 된 것 같아서 가슴이 답답합니다."

이는 그 사람만의 문제가 아니다. 더 이상 직장은 내 울타리가 될 수 없다. 그렇다면 회사 이름이나 직책에 기대지 않고도 나를 나로서 설명할 수 있는, 그야말로 나 자신이 나를 지키는 울타리가 되어야 한다. 그것이 바로 내가 생각하는 브랜드다.

이 글을 읽고 있는 당신에게 묻고 싶다. "회사와 직책을 빼면 당신은 무엇으로 설명할 수 있는가?" 다시 말해 당신은 어떤 말과 행동을 쌓고 있는가? 그리고 가장 중요한 질문이 남았다. "내가 꿈꾸는 그 브랜드가 되려면 앞으로 어떤 말과 행동을 쌓아가야 할까?" 어제와 똑같이 살면서 삶이 달라지길 바라는 건 어리석다. 기어이 성장하는 이들은 오늘의 내가 어떤 모습인지 직시하고 원하는 내일의 나를 만난다.

이 책은 '피드백'으로 범위를 좁혀 자신만의 브랜드를 만들고자 하는 이를 도우려 한다. 왜 하필 피드백이냐고 묻는다면 답은 명확하다. 피드백은 독백이 아닌 상호작용이기 때문이다. 피드백은 하는 이가 있고 듣는 이가 있다. 어떤 방식으로 피드백을 주고받는지에 따라 타인에게 남는 인상과 영향력은 클 수밖에 없다. 그러니 피드백을 대하는 태도야말로 직장인들이 쉽게 할 수 있는 셀프 브랜딩 방법이라고 생각한다.

아직 감이 잡히지 않는다면 '올리부'라는 니네임으로 더 유명한, 서은아 작가의 사례가 도움이 될 것 같다.

올리부 님은 글로벌 플랫폼 회사의 마케팅 총괄 상무이지만, 지친 직장인들을 동기부여하는 '응원대장 올리부'라는 아이덴티티로 더 유명하다. 그 외에도 #일상기록가, #브랜드탐험가, #다정한관찰자, #따뜻한어른으로 스스로를 소개한다. 회사나 직책으로 부연해 설명하지 않아도 스스로가 브랜드로서 존재하는 대표적인 사례다. 무엇보다 멋진 건, 그 브랜드의 일부분이 그가 주고받은 피드백을 통해 단단히 구축되었다는 점이었다. 피드백에 대한 구체적인 그의 경험을 듣기 위해 인터뷰를 청했고 다행히 이야기를 나눌 수 있었다. 그의 경험과 피드백 원칙 일부를 소개한다. 인터뷰 전문은 이 책의 부록으로 실었다.

올리부의 에피소드 1   피드백을 통해 성장할 수 있다는 믿음

사회 초년생 시절, 내가 속한 조직에 새로운 리더가 합류했다. 그는 오자마자 조직의 문제를 들추며 자신의 가치를 증명하려 했다. 그 과정은 곧 기존에 있던 사람들이 쏟아온 시간과 노력에 대한 부정이었다. 우리는 그 리더와 진지한 피드백의 시간을 가졌고 우리의 시간을 존중해달라고 요청했다. 그 후 그 리더의 태도는 180도 달라졌다. 우리의 피드백을 전적으로 수용한 것이다. 그 뒤로 그와 함께 일하며 나는 조직에서 어떻게 피드백을 주고받으며 함께 성장할 수 있는지를 배웠다.

(올리부의 에피소드 2) **내가 나를 포기하지 않겠다는 마음**

나 역시 아프고 불편한 피드백 앞에서 무너진 적이 많았다. 울기도 했고, 속상함에 휘청거리기도 했다. 하지만 그럴 때마다 마음을 다잡았다. "그래도 나는 나를 포기하지 않겠어." 피드백을 준 사람의 언어나 표현에 얽매이기보다, 그 피드백이 내게 어떤 의미가 있는지에 초점을 맞췄다. 때로는 그것이 나를 위한 진짜 조언이 되기도 했고, 때로는 받아들이지 않아도 된다는 자기 확신을 얻는 시간이 되기도 했다. 중요한 건, 그 모든 과정을 통해 나는 내 삶을 지키는 방법을 배웠다는 것이다. 자존감은 그렇게 작고 흔들리는 순간에 나를 지켜낸 힘을 통해 자란다.

(올리부의 에피소드 3) **피드백 주는 사람의 원칙**

피드백을 하는 사람이 된 후 나에게는 피드백의 원칙이 생겼다. '피드백은 그 사람의 성장을 전제로 해야 한다'는 것이다. 단지 잘못을 지적하는 말이 아니라, 함께 문제를 이해하고 해결책을 고민하는 과정이어야 한다. 예를 들어 같은 피드백을 반복한다면, '왜 저 사람은 바뀌지 않을까?'를 묻기보다 '내 피드백 방식에 개선할 여지는 없었을까?'를 먼저 돌아본다. 말로 전했던 피드백을 읽기 쉬운 문서로 바꿔보기도 하고, 상황적 맥락이나 감정 상태를 다시 살피기도 한다. 그렇게 다정하지만 단호하게, 우리는 서로를 더 나은 방향으로 이끄는 길을 찾는다. 피드백은 그 사람을 평가하는 일이 아니라 함께 성장하자고 손 내미는 행위다.

아이러니하게도 인터뷰를 진행하던 시점은, 세 개의 프로젝트에서 연이어 좋지 않은 피드백을 받고 스스로도 흔들리던 때였다. 피드백 수용에 관한 책을 쓰면서도 정작 내 마음조차 돌보지 못하는 현실이 허탈하고 민망하게 느껴졌다. 딱 그 시기에 올리부 님과 대화를 나누며 생각이 바뀌었다. 아픈 피드백을 현명하게 받아들이고 활용하는 것이 자신과 팀의 성장에 얼마나 중요한 일인지를 다시 한번 확인할 수 있었다.

이 책은 피드백을 주고받는 모든 순간에 숨겨진 성장의 가능성을 함께 들여다보려는 시도다. 직장인이라면 누구도 피할 수 없는 피드백은 때로는 마음을 흔들고 자존감을 건드리기도 한다. 그러나 그것이 결국 나와 팀을 더 나은 방향으로 이끄는 나침반임을 잊지 말자. 인터뷰 내내 느낀 그 확신을 올리부 님의 책에 적힌 한 문장을 소개하며 갈음한다.

"벽에 가로막혀 막막하던 마음을, 그 벽을 넘어서면 만나게 될 성장의 기쁨을 기대하는 마음으로 바꾸기로 했다. 도대체 어떻게 벽을 만나도 즐거울 수 있을까?"[*]

그리고 무엇보다 중요한 건, 피드백을 어떻게 듣고 어떻게 표현하느냐가 결국 자신만의 멋진 브랜드를 만들어간다는 사실이다.

---

[*] 서은아, 《응원하는 마음》, 웅진지식하우스, 2024, 276쪽

차례

들어가며
피드백을 다루는 태도가 곧 나의 브랜드   4

1장 '손절'을 권하는 시대

나와 A의 브랜드는 '피드백 개복치'였다   17
울타리가 없어서 생긴 '그게 아니라' 병   23
끊고 좁히는 손절의 시대   26
핵개인의 시대, 점점 사라지는 피드백   28
가장 먼저 소개할 팁은 '시뮬레이션'이다   32

2장 1단계 통제력: 내가 어찌할 수 있는 건 오직 '나'다

케이스 1   예민한 비운의 주인공 K   39
주도권은 피드백 받은 나에게 있다   43
통제력 키우기 1 달궈진 감정 냉각하기   50
통제력 키우기 2 대응 매뉴얼 만들어보기   53
통제력 키우기 3 중립 조언 구해보기   54
통제력 키우기 4 그분 따라 해보기   56
통제력 키우기 5 내 편 만들어보기   62
통제력 키우기 6 아킬레스건 찾아보기   69
어떤 좌절은 나락이 아니라 서사를 만든다   74
시뮬레이션 내가 바꿀 수 있는 '나'   80

3장 2단계 수용력: 한발 물러나 상대의 '이유'를 찾는다

케이스 2 불만 많은 일잘러 P … 89

좋은 동료는 '만난다' 그리고 '만든다' … 91

채치수는 꽤 숨 막히는 리더였다 … 96

그와 나는 바라보는 풍경이 다르다 … 100

수용력 키우기 1 일단 가르마 타기 … 105

수용력 키우기 2 담백하게 일리 찾기 … 108

수용력 키우기 3 엉뚱한 보물 찾기 … 110

수용력 키우기 4 부탁으로 해석하기 … 114

수용력 키우기 5 복수하려 들지 말기 … 115

시뮬레이션 상대가 원하는 것은 무엇일까? … 119

4장 3단계 수비력: 가짜 피드백에는 가드를 올려야 한다

케이스 3 습관적 자책러 Y … 127

나를 지키는 기준이 필요하다 … 129

수비력 키우기 1 화살의 끝이 '일'이 아닌 '사람'을 향해 있는가 … 131

수비력 키우기 2 목표 자체가 다른가 … 137

수비력 키우기 3 전혀 안전하지 못하다고 느끼는가 … 140

수비력 키우기 4 '카더라'에 근거했는가 … 143

쓰레기에서 보물을 찾을 수도 … 146

5장 4단계 지구력: 누적된 노력과 시간은 피드백 맷집을 키운다

케이스 4 피드백 회피자 S … 153

피할 수 없어서 나아질 수밖에 없었던 순간들	156
"플라스틱 컵을 100개나 만들다니 정말 진정성 없네요"	159
"'E'들만 신경 써주니까 'I'로서 소외감 느껴요"	162
"네에? 점심시간에 공부하라고요?"	164

6장 5단계 전도력: 동료들과 함께 피드백 문화를 만들자

케이스 5 일 욕심 많은 L	171
피드백은 각개전투가 아닌 팀전이다	172
전도력 키우기 1 스스로 목표와 원칙을 세우도록	176
전도력 키우기 2 스스로 손들고 피드백을 청하도록	184
전도력 키우기 3 소소한 업무에도 피드백이 적용되도록	188
전도력 키우기 4 피드백이 데이터베이스로 쌓이도록	193
전도력 키우기 5 피드백 효과를 직접 확인하도록	197
피드백 선순환의 기본 조건, 감사	200

나가며
'이렇게까지 해야 하나' 싶은 당신에게

당신은 어떤 브랜드이고 싶은가?	204
내일부터 어떤 말과 행동을 해야 할까?	209
땡스 투 피드백, 결국 나 좋자고 하는 일	213

부록
올리부 서은아 작가와의 인터뷰 전문	218

1장

'손절'을 권하는 시대

나와 A의 브랜드는 '피드백 개복치'였다

직장인으로 일한 지 16년이 되었지만 내가 어떤 캐릭터인지, 다른 이들은 나를 어떤 동료로 인식하는지를 염두에 두고 일한 지는 몇 해 되지 않았다. 본격적으로 인지한 것은 팀장이 되고 팀원들에게 피드백해야 할 의무가 생기고 나서였다. 팀원들의 성장을 돕기 위해 그들의 말과 행동을 유심히 살펴보았는데, 재밌게도 그들에게서 내 모습이 보였다. 특히 팀원 A에게서 그런 점이 두드러지게 느껴졌다.

A는 무엇을 하든 진심으로 하는 팀원이었다. 동료들을 돕고자 하는 진심은 감탄스럽기까지 했다. 굳이 하지 않아도 될, 자기 책임 밖의 일에도 늘 팔을 걷어붙이고 나섰다. 팀장으로서는 고맙기 그지없는 팀원이었다. 하지만 어디 세상에 완벽한 사람이 있겠는가. 고민되는 상황이 발생했다.

더 나아질 수 있는 지점이 보여 피드백을 했는데 A는 쉽게 받아들이지 못했다. 한번은 이런 일이 있었다. A와 함께 일하던 외부 협력사가 내게 간접적으로 이의를 제기해왔다. A는 꼼꼼하게 일을 진행하기 위해 여러 차례에 걸쳐서 협력사에 메일로 가이드를 제시했는데, 상대는 오히려 그것을 비효율적인 '오버 커뮤니케이션(과한 소통)'이라고 느낀 것이다. 주고받은 메일을 확인해보니 양쪽의 입장이 모두 일리가 있었다. A는 문제가 생기지 않게 꼼꼼하게 챙기고 싶어 했고, 협력사는 자신을 믿지 못해 자꾸 마이크로매니징한다고 받아들이고 있었다. 서로의 업무 스타일을 이해하지 못해서 생긴 문제라고 파악한 나는 A에게 이렇게 피드백했다.

"사람마다 업무 스타일이 다른데, 이 협력사는 믿고 맡겼을 때 좀 더 효율적으로 일하는 분들인 것 같아요. 세세하게 업무를 챙기고자 하는 바는 충분히 이해하지만 상대가 무엇을 원하는지 생각하고 소통하면 훨씬 더 원활한 협업이 될 것 같습니다."

내 피드백을 받은 A의 표정이 빠르게 굳어갔다. 한눈에 감정적 동요가 보였다. 억울함이 잔뜩 묻은 목소리로 A는 이렇게 되물었다.

"그럼 팀장님께서는 제가 아무 생각 없이 일한다고 보시는 건가요?"

발끈하는 A의 모습에서 예전의 내가 겹쳐 보였다. 16년 차 직장인으로서 내 이야기를 다른 사람들이 들으면 놀라는 지점이 몇 가지 있는데, 그중 하나가 한 번도 사직서를 내본 적이 없다는 점이다. 하지만 고백하자면 써본 적은 있다. 그것도 세 번이나! 막연하게 너무 쉼 없이 일해서 지쳤다고 생각했다. 하지만 돌이켜보면 한 달 내내 야근해도 마냥 즐거웠던 때도 있었다. 진짜 이유는 몸이 아니라 마음이었다. 그리고 그 마음의 문제는 대부분 누군가의 날카로운 피드백에서 시작됐다. 제출하지 못한 세 번의 사직서는, 그럴 때마다 쓰였다.

첫 번째 사직서, "너 같은 애들은 안돼. 오래 못 가."

사회 초년생 때 받았던 피드백이다. 막 입사했으니 열정은 하늘까지 뻗쳤다. 하지만 직장인으로서의 상식과 선에 대해서는 무지했다. 그래서 본의 아니게 상대의 영역을 침범했고 이에 대한 경고로 상대는 다소 무례한 피드백을 던졌다. 그 피드백에 나는 어떻게 대응했을까? 내가 뭘 잘못했냐고, 왜 그딴 식으로 표현하냐며 요즘 말로 참지 않고 들이받았다. 그리고 바로 사직서 파일을 다운받았다. 사유에는 '불화'라고 적었던 것 같다.

두 번째 사직서, "네가 잘못했겠지."
3년 차에 있었던 일이다. 고객사로부터 항의 메일을 받았다. 어림잡아 열 명쯤 되는 사람들에게 참조가 걸린 메일이었다. 무례하다고 느꼈고 억울했다. 이 상황을 의논하기 위해 함께 일하던 리더를 찾아갔다. 상황을 설명하기도 전에 그는 대뜸 내가 잘못했으니 생긴 일일 것이라 단정 지었다. 나는 고객사보다 리더의 피드백에 더욱 충격을 받아 침묵으로 대응했다. 이내 사직서를 적으며 사유를 쓰는 칸에 '불합리한 리더의 처신'이라고 적었던 것 같다.

세 번째 사직서, "사람들이 너랑 일하는 게 힘들다고 하네."
가장 최근에 썼던 사직서다. 처음 합을 맞춘 협업 프로젝트였는데 워낙 다양한 직무와 연차, 팀이 섞여 있다 보니 삐걱대던 참이었다. 나름대로 중간에서 교통정리를 하겠다고 나선 사람이 다른 이들의 말을 옮겨 전했다. 당시 유행하던 말마따나 '오피스 빌런의 가스라이팅'이라고 생각했다. 이유를 묻거나 내 입장을 설명할 의욕이 사라져 입을 꾹 닫게 됐다. 근래 많이 들리는 '손절'이 그 당시 내가 택한 방법이었다. 사직서 사유에는 '일신상의 이유'라고 적었던 것 같다.

세 번의 사직서는 상당한 시간차를 두고 벌어졌지만, 공통점이 있었다. 나는 나를 방어하는 데 온 신경이 쏠려 있었다. 마치 복싱 선수가 상대의 공격 앞에 가드를 바싹 올린 것처럼 상대의 피드백에 대응했다. 여유와 이성적인 판단은 찾아보기 어려웠다.

내 피드백을 들은 A의 반응을 보며 그때의 내 모습이 겹쳤다. A와 나의 패턴은 매우 유사했다.

1. 아픈 피드백에 감정적으로 반응한다.
2. 피드백을 한 상대는 당황하거나, 자신의 말이 받아들여지지 않는다고 느낀다.
3. 그 결과, 다음에 피드백해야 할 상황이 생겨도 망설인다.

브랜드로 치면 우리는 '개복치'였던 셈이다. 작은 스트레스에도 픽 죽어버리고 마는 그 개복치 말이다. 나와 A만의 이야기는 아닐 것 같다. 외부에 '피드백'을 주제로 강연하는 일이 꽤 있다. 보통 회사에서 소집한 교육인 만큼 열띤 토론이나 열화와 같은 반응을 보이는 경우는 드물다. 그럼에도 회사의 업이나 참여자들의 연차, 직무와 무관하게 강연장의 데시벨이 폭발하는 시점이 있다.

"지금부터 각자의 기억을 반추해보도록 하겠습니다. 여러분은 일하면서 피드백을 듣고 상처받은 적이 있나요? 그 경험을 떠올리고 조별로 이야기를 나눠보세요."

워낙 무거운 주제이니 처음엔 침묵이 흐른다. 그러다 한 명이 침묵을 깨고 자신의 이야기를 하기 시작한다. 이윽고 강의장 온도는 삽시간에 변한다. 처음 보는 사이가 많은데도 서로의 이야기에 울분을 토하고 한숨을 쉬며 공감을 표현한다. 라디오 방송에 나올 법한, 아니 익명 게시판 '블라인드'에 등장할 만한 사연들이 쏟아진다. 그때까지 말 한마디 없이 듣기만 하던 이들도 예외 없이 이야기를 쏟아낸다. 나도 그런 경험이 있는데, 이게 말이 되냐며 핏대를 세운다. 그 순간엔 여유를 찾아보기 어렵다. A처럼 가드를 올리고 자신을 방어하기 위해 안간힘을 쓰는 것이 보인다.

처음엔 그런 모습이 너무 감정적인 것 아닌가 싶기도 했다. 마음에 여유를 가지고 피드백을 들어보자고 교과서적인 조언을 내놓기도 했다. 하지만 그 말을 듣고 표정이 굳어지는 사람들을 보며 내 생각이 좁았음을 직감했다. 그들의 성격이 감성적이거나 혹은 나약해서가 아니다. 진짜 이유는 개인이 아닌 이 시대에 있었다.

울타리가 없어서 생긴
'그게 아니라' 병

강연을 자주 하다 보니 다양한 조직 리더들의 이야기를 들을 일이 많다. 워낙 리더로 살기 어려운 세상이다 보니 이들의 한탄도 다이내믹하다.

(에피소드 1) "그게 아니라요"

리더들이 가장 자주 이야기하는 패턴 중 하나다. 자신이 팀원에게 피드백을 하면 처음엔 당연히 "네, 알겠습니다. 시정하겠습니다"라는 반응이 나올 줄 기대했다고 한다. 본인들이 그렇게 일했으니까. 하지만 이젠 자동응답기처럼 이 말을 한다고 했다.

"아니, 그게 아니라요."

조금이라도 부정적인 피드백을 받는다고 느껴지면 성급하게 상대의 말을 끊어버리는 모양새다.

> 에피소드 2 **MBTI 핑계는 그만**

가장 많은 이들이 슬프게(?) 웃었던 에피소드인데, 리더가 팀원에게 피드백을 하면, 팀원은 자신은 원래 그런 캐릭터라며 철벽을 친다는 이야기였다. 예를 들어 이런 상황이다.

"○○님, 이 부분은 좀 더 꼼꼼하게 처리해야 할 것 같아요."
"아, 저 ESTP라서 그런 거 잘 못 해요."

어떤 리더는 이 이야기를 듣고 MBTI를 법적으로 금지했으면 좋겠다고 말할 정도다. '저는 원래 그래요'라고 반응하면 어떤 피드백도 할 수 없게 된다고 무력감을 토로했다. "그럼 전 ISTJ라서 당신의 그 반응을 용납 못 하겠네요"라고 대응하라는 웃지 못할 조언도 이어진다.
　그냥 웃고 넘어갈 이야기는 아니다. 상대적으로 피드백을 '하는' 입장인 리더들은 답답하다. 리더의 역할은 팀원들을 성장시키고 일이 더 잘 되도록 돕는 것인데 이렇게 방어적으로 나오면 무슨 말을 할 수 있겠냐고 답답해하는 그 입장도 충분히 이해된다. 그렇다고 '요즘 애들은 쯧쯧쯧' 할 일도 아니다. 세대가 아니라 시대의 문제니까.
　예전 세대는 자라면서 수능이나 입사 같은 큰 관문은 두세 번 정도만 거치면 통과됐다. 하지만 지금은 다르다. 10대 초입부터 모든 기록이 미래에 영향을 미친다. 수행 평가와 단원 평가가 학생기록부에 기록되고 이게 입시로 직결되기 때문이다. 사회인이 된들 다르지 않다. 이제 한 번 입사하면 정년까지 다닐 수 있었던 평생직장 개념은 없다. 일하며 쌓은 포트폴리오와 아웃풋은 이직을 위한 증빙 자료가 된다. 끊임없이 나를 증명하고 인정받아야 더 나은 내일을 만들 수 있다. 피드백에 대한 긴장도가 높아질 수밖에 없는 시대다.

예전에 우리 사회는 제법 안전했다. 동네 어른들은 내 집, 네 집 할 것 없이 모든 아이를 두루 보살폈다. 회사에 헌신하면 회사는 평생 나를 울타리처럼 지켜줬다. 더러 온몸으로 감싸주는 리더도 있었다. 하지만 지금은 그 울타리가 없는 시대다. 마을은커녕 가족도 흩어져서 산다. 20대 사원도 구조조정 대상이 된다. '우린 한 가족이니까' 이끌어주고 보듬어주던 어른다운 선배도 그 존재를 찾아보기 어렵다. 그래서 어느 순간부터 자신은 자기 스스로 지켜야 한다는 일종의 강박 같은 마음이 생긴다. 요즘 세대가 '공정'에 민감한 데에는, 그런 배경이 적지 않게 작용하고 있다. 노력하고 헌신한 만큼 알아서 챙겨주길 바랄 수 없다. '가만히 있으면 호구가 되고, 헌신하면 헌신짝 된다'라는 말은 시대의 진리가 되었으니까. 아픈 피드백에 가드를 올리는 건 그래서다. 울타리가 없는 시대에 내가 나를 지켜야 하지 않나. 하지만 문제는 그게 울타리가 아니라 벽이 되어버릴 때 생긴다. 적당한 높이의 울타리는 외부의 위험으로부터 나를 지켜주지만 꽉 막힌 벽은 나를 고립시키기 때문이다.

끊고 좁히는 손절의 시대

사람 관계로 마음이 힘들 때마다 습관처럼 유튜브를 찾았다. 고민되는 키워드를 치면 '이렇게만 하면 됩니다'라고 외치는 섬네일이 수십 개씩 나왔다. 처음엔 나만 이런 고민을 하는 게 아니라는 사실에 위로받았고 내 고민에 명확한 솔루션이 있어서 기뻤다. 하지만 듣다 보니 결국 열에 아홉은 같은 말을 하고 있었다.

"손절해. 좋은 것만 듣고 살기에도 인생은 짧아. 행복한 관계에만 집중하라고."

그러다 열에 한 명쯤은 꼰대 같은 이야기를 했다. 피드백에 상처받았다고 해서 그걸 나를 해치는 관계로 단정 지어버리면 결국 좁아지는 것은 나의 관점이라고 조언했다. 흥미롭게도 그런 이야기를 하는 영상은 조회 수가 형편없이 낮았다. 그 말마저 '그다지 듣고 싶지 않은 말'이었던 것이다.

생각해보면 지금 시대가 그렇다. 내가 듣고 싶은 '그 이야기'만으로도 콘텐츠가 넘쳐난다. 그런 콘텐츠만 검색하고 구독한다. 그러면 플랫폼은 알고리즘에 따라 비슷한 콘텐츠만 찾아서 보여준다. 자연스럽게 생각이 점점 그쪽으로 좁아질 수밖에 없다. '역시 내 생각이 옳아. 다들 이렇게 말하잖아.' 간혹 듣고 싶지 않은 콘텐츠를 접하면 차단은 또 얼마나 쉬운가. 버튼 하나 누르면 끝이다. 너무 쉽게 차단할 수 있는 세상에서 우리의 시각은 점점 더 좁아질 수밖에 없다.

사람도 마찬가지다. 근래 자주 듣는 표현이 '가스라이팅 gaslighting'이다. 관계에서 갈등이 불거졌을 때 종종 등장하는 용어다. '어, 이거 가스라이팅 아냐???' 다음 단계는 손절이다. 더 이상 듣지 않기를 선택하는 것이다. 물론 일리 있고 한편으론 필요하다. 우리는 너무 많은 이들의 너무 많은 이야기를 듣는 환경에 놓여 있으니까.

예전엔 앨범에 끼워져 1년에 한 번 가족끼리 들여다보는 게 고작이었을 여행 사진을 하루에도 몇 장씩 팔로워 수천 명과 공유한다. 알지도 못하는 이들의 이해할 수 없는 댓글이 달리기도 한다. 그중 어떤 글은 그야말로 무례하고 부당하다. 그런 상황에서 나를 지키기 위해 적절히 선을 긋는 것은 지극히 현명한 선택이다. 문제는 그런 패턴이 일터에서도 답습될 수 있다는 데 있다. 유튜브 콘텐츠나 소셜미디어 팔로워와는 다르게 일터에서는 '안 보면 그만인 사이'는 드물다. 말처럼 쉽게 끊어낼 수 없다. 한 선배가 이런 말을 한 적 있다.

"처음엔 해결하고 해결해도 끊임없이 발생하는 문제가 너무 괴롭고 두렵더라고. 그런데 생각해보니 어차피 인생은 문제의 연속인 것 같아. 잘한다고 없어지는 게 아니라 계속 생겨. 피한다고 피해지는 게 아니라면 마음근육을 키우는 수밖에 없어."

그렇다! 우리에게 필요한 건 관계를 끊는 손절이 아니라 단단한 마음근육이다.

핵개인의 시대, 점점 사라지는 피드백

점점 개인이 선명해지는 시대다. 송길영 작가의 말마따나 '핵개인의 시대'는 이미 도래했다. 자기소개는 더 이상 '어디어디 다니는 OOO입니다'에서 끝나지 않는다. 명함 속 부서와 직책이 아니라도 나를 설명할 수 있는 키워드는 넘쳐난다. MBTI와 사이드 프로젝트, 커리어 포트폴리오. 이 모든 것이 불과 몇 년 사이에 보편적인 현상이 되었다. 점점 내가 분명해지는, 내가 중요해지는 시대다. 나를 먼저 돌보지 않으면 호구가 된다고, 헌신짝 버리듯 버려질 테니 정신 차리라고 온갖 유튜브 채널에서 떠들어댄다. 그런데 엉뚱한 예언 하나 해볼까? 이런 흐름이 계속될수록 오히려 점점 더 귀하게 여겨지는 사람들은, 바로 이런 사람들일 거다.

타인의 피드백을 허투루 '손절'하지 않는 이들,
뼈아픈 피드백도 피하지 않고 도리어 흡수해서 내 힘으로 치환하는 이들,
피드백의 충격에 주저앉는 게 아니라 더 높이 뛰어오르는 이들,
한마디로 다음과 같은 말을 듣는 사람들.

"OOO은 피드백을 참 잘 듣고, 잘 써먹어."

모두가 자신의 생각과 정체성에 집중하며 살아간다. 스스로를 지킨다는 명목으로 점점 더 방어적으로 행동하는 것도 사실이다. 그렇기에 나와 다른 타인의 생각과 정체성을 수용

하는 이들은 점점 희소해진다. 이들은 단순히 피드백을 잘 듣는 데서 그치지 않는다. 그 힘을 흡수해 더 높이 뛰어오르며 성장한다. 또한 그러한 태도는 주변을 자극한다. 이쯤 되면 피드백 받은 그의 부족한 모습은 도리어 매력으로 바뀐다.

이 말을 들으니 '헉, 난 망했네. 난 자기주장 완전 강한데…' 싶은가. 희망적인 이야기를 하자면 이 글을 쓰고 있는 나 역시 그랬다. (사실 지금도 그렇다.) "살면서 저는 팀장님처럼 자기주장 쎈 사람을 본 적이 없어요"라는 팀원의 말을 듣고 당황해서 선배에게 그 말을 전했더니 "맞아"라는 답을 들었다.

나는 스스로가 매우 선명한 사람이라고 생각한다. 그래서 내 생각과 다른 피드백에는 쉽게 흔들렸고, 때로는 단호하게 밀어내기도 했다. 그런 과정을 겪으며 지극히 수용적이고 유연한 사람들이 내심 부러웠다. 왜 그런 캐릭터 있지 않나. 자신과 다른 의견도 적극적으로 듣고 토론하는 것을 즐기는 열린 태도의 사람들. 가까운 선배 한 명도 그런 사람이었다. 한번은 그에게 그런 점이 참 부럽다는 말을 했다. 듣고 있던 그가 의미심장한 미소를 지으며 답했다.

"안 아픈 사람이 어디 있겠어 부정적인 피드벡을 틀을 때마다 힘들지. 그런데 그게 결국 나한테 도움이 되더라고. 그리고 무엇보다 감정적으로 대응하면 다음엔 그 사람들이 입을 닫을 거 아냐. 난 그게 제일 무섭거든. 그래서 아픈 피드백이 언제든 날아올 수 있다고 생각하고 준비하는 것 같아. '그럴 땐 이렇게 태연한 척 담담하게 대응해야지'라고."

나에게 자극이 된 이야기가 하나 더 있다. 내 나이 또래의 관심사 중 하나가 건강인데 그중 단연 '근육' 이야기가 많이 나온다. 특히 인상 깊었던 비유가 근육은 보험과 같다는 말이었다. 20대에는 보험료가 싸다. 조금만 운동해도 금방 근육이 붙는다. 하지만 30대, 40대, 50대가 되면서 노력 대비 붙는 근육의 양이 현저히 떨어진다고 했다. 보험료가 비싸지는 거다.

피드백도 마찬가지다. 연차가 쌓이면서 점점 피드백을 수용하는 과정이 험난해진다. 경험이 쌓이니 내 판단에 대한 확신은 강해지는 데 반해 주변에서 건네는 피드백의 양은 현저히 줄어들기 때문이다. 그러다 보니 내가 잘해서 뼈아픈 피드백을 안 듣게 된 것이라 착각하기 쉽다. 그러니 가뭄에 콩 나듯 누군가가 피드백을 건네도 그것을 흡수하지 못한다. 받아들여지지 않으면 그나마 피드백해주던 사람도 의지가 꺾인다.

이것이 이 책을 읽고 있는 당신도, 쓰고 있는 나도 위기의식을 느껴야 하는 이유다. 지금까지 들었던 '꼰대'의 정의 중 가장 와닿았던 것은 '더 이상 배우려 들지 않는 사람'이라는 말이었다. 그 정의에 비추어보면 지금 피드백을 받아들이는 태도와 그것을 견뎌낼 힘을 길러놓지 않으면, 우리 역시 언젠가는 꼰대가 될지도 모른다.

하지만 우리는 보통 사람들이다. '여러분, 우리 모두 이런 대인배가 되어봅시다'라고 교과서 같은 말을 해봤자 돌아오는 건 '좋은 말씀 감사합니다' 정도라는 걸 잘 안다. 이 책에서 내가 나누고 싶은 바는 태어날 때부터 그릇이 다른 대단한 사람들에 대한 감탄이 아니라 평범한 우리도 할 수 있는 'To-do 리스트'다. 결국 피드백을 주고받을 때 어떤 말과 행동을 하면 좋을지에 대한 팁 말이다.

가장 먼저 소개할 팁은 '시뮬레이션'이다

나는 '괜찮아', '잘될 거야' 식의 표현을 좋아하지 않는다. 괜찮다고 말해준들 괜찮아질 리 없지 않나. 여기까지 읽은 당신에게 묻고 싶다. 이쯤 되면 피드백 수용이 중요하다는 사실을 알았으니 잘해볼 수 있을까? 아니다. 책 몇 장 읽는다고 달라질 수 있었다면 당신은 이미 오래전에 달라졌을 것이다. 우리는 최악의 상황에 최선의 대처를 준비해야 한다.

후회라는 감정은 '그때 그 사람의 그 말' 때문이 아니다. '그 말에 제대로 대응하지 못한 내 모습'이 오랜 시간 땅을 치게 만든다. 그 최악의 상황에 최선의 대처를 시뮬레이션해보자. 그래야 그 비슷한 상황에 부닥쳤을 때 평소 하던 대로 반응하지 않을 수 있다.

잠시 페이지를 넘기던 손을 멈추어보자. 각자 받았던 피드백 중 머릿속에 각인된 피드백을 떠올려보자. 그중 유난히 부정적으로 기억되는 피드백이 있을 거다. 세 가지로 분류해볼 수 있다.

1. 받은 순간 불쾌감을 느꼈지만 이내 잊어버린 피드백
2. 받고 꽤 오래 잔상이 남았지만 지금은 극복한 피드백

문제는 그다음이다.

3. 아직도 관계와 일, 나의 삶에 부정적인 영향을 미치는 피드백

몇 년 전 후배 A가 동료에게 받은 피드백이 그랬다. 후배 A는 커뮤니케이션 방식의 차이로 동료와 갈등을 겪고 있던 참

이었다. 자기 입장과 상황을 자세하게 설명하려는 A에게 동료는 무척 냉소적으로 피드백했다.

"A, 너는 겉만 요란하고 속은 텅 빈 수레처럼 일해."

나 역시 그런 기억이 있다. 몇 해 전 다른 팀과 협업을 위한 회의를 하는 자리였다. 꽤 많은 사람이 각자 아이디어를 내놓았는데 내 발언이 끝난 후 이런 피드백을 받았다.

"이윤경 씨, 당신이 정답이라고 생각하지 마세요."

상황과 결은 달랐지만 후배 A와 나의 공통점이 하나 있었다. 둘 다 당황한 나머지 아무 말도 하지 못했다는 것이다. 그런 피드백을 받을 것이라고 예상하지 못했고, 따라서 무방비 상태였다. 적절한 대응을 하지 못했다는 무력함은 그 시간을 더욱 부정적으로 기억하게 했다.

그런 상황이 다시 일어난다면, 나는 어떻게 해야 할까?

재난 상황에 매뉴얼이 필요한 까닭은 당황하지 않고 필요한 조치를 단계별로 이행하기 위해서다. 그래야 위기에 처한 사람을 구할 수 있다. 재난처럼 아픈 피드백도 어느 날 갑자기 찾아온다. 그때 우리는 어떤 단계를 밟아 대응해야 할까? 119에 신고하기처럼 가장 먼저 해야 할 일도 있을 테고, 상황에 따라 혹은 여유가 있을 때 선택적으로 처리해야 더 나은 일도 있다. 기본부터 심화까지 다섯 단계로 정리해봤다.

1단계 통제력: 내가 어찌할 수 있는 건 오직 '나'다
2단계 수용력: 한발 물러서서 상대의 '이유'를 찾는다
3단계 수비력: 가짜 피드백에는 가드를 올려야 한다
4단계 지구력: 누적된 노력과 시간은 피드백 맷집을 키운다
5단계 전도력: 동료들과 함께 피드백 문화를 만들자

이 책을 위 순서대로 읽는 것을 추천하지만 반드시 그럴 필요는 없다. 다섯 단계를 훑어보며 각자 상황에 가장 맞아떨어지는 부분부터 읽어도 좋다. 예를 들어 아픈 피드백을 하는 누군가가 미워서 견딜 수 없다면 '수용력: 한발 물러서서 상대의 '이유'를 찾는다'를 펼쳐보자. 나뿐만 아니라 팀 차원에서 변화가 필요하다면 '전도력: 동료들과 함께 피드백 문화를 만들자'를 먼저 읽는 것도 방법이다.

자, 이제 피드백 재난 상황에서 나를 구할 준비를 할 시간이다. 모쪼록 당신의 커리어 여정에 작은 도움이 되길 바란다.

1단계 통제력

내가 어찌할 수 있는 건 오직 '나'다

케이스 1
예민한 비운의 주인공 K

에디터 K는 감성이 고도로 발달한 동료다. 글 쓰는 일을 하는 사람답게 자기표현이 풍부했고 요즘 세대답게 솔직하기도 했다. 풍부한 감성은 일에 도움이 되는 경우가 많았지만 방해가 되는 순간도 적지 않았다. 특히 그와 일하는 리더들이 자주 고충을 토로하곤 했다. K와 면담을 할 때면 티슈를 꼭 준비해야 한다는 말도 덧붙였다. K는 면담 때마다 눈물을 보인다고 했다. 그렇게 심각한 내용의 면담이었냐고 물으면 꼭 그렇지도 않았단다. 한번은 리더가 회의 참여 태도에 대한 피드백을 그에게 건넸다고 한다.

"K, 프로젝트 점검 회의할 때 말인데요. K는 아이디어도 풍부하고 적극적이어서 팀에 큰 도움이 되는 것 같아요. 다만 PM으로서 의견을 드리고 싶은 게 있어요. 동료들이 발언할 때 K가 중간에 말을 끊고 반박할 때가 종종 있어요. 솔직한 의견은 대환영이지만 그게 너무 평가하는 말투처럼 느껴질 때가 있는 것 같아요."

사실 이건 팀원들이 여러 차례 제기한 문제라고 했다. K의 감성적인 측면을 잘 알기에 리더는 마음 다치지 않게 잘 포장해서 피드백을 건넸다고 여겼지만 돌아오는 반응은 리더의 바람과 달랐다. K의 눈에 눈물이 그렁그렁 맺혔고, 리더는 옆에 놓인 티슈를 뽑아주어야 했다. K는 그 짧은 순간에도 머릿속에서 또다시 자신의 서사를 만들어가고 있었다.

"전 늘 그런 식이에요. 동료들에게 도움이 되고 싶어서 열심히 의견을 말하는데 이렇게 오해나 받고…."

K는 연신 눈물을 닦으며 그동안 받았던 오해(?)와 상처를 쏟아내기 시작했다. 결국 리더는 K가 해결해야 할 문제와 그 방법에 대해서는 단 한 마디도 꺼내지 못했다며 내리 한숨을 쉬었다.

"그렇게 확대해석할 필요는 없었어요. 동료의 불편을 인지했으니 이렇게 노력해보겠다, 하면 간단히 해결될 문제인데 K는 지나치게 자기연민에 빠져들어요. 예민하게 받아들이고 감성적으로 행동하죠. 그럼 결국 자기 손해거든요. 동료들의 의견에서 배우지 못하니까요."

그의 고민에 십분 공감했지만 '예민'이라는 단어가 어째 머릿속에서 맴돌았다. K는 정말 예민하기만 한 걸까? 어쩌면 예민해서가 아니라 깊이 경청해서가 아닐까. 못나서가 아니라 겸손해서. K의 이야기를 전해 들으며 얼마 전 읽었던 박연준 시인의 시집 《고요한 포옹》 속 한 구절이 문득 떠올랐다.

"손을 다치는 이유는 손을 사용하기 때문이다. 마음을 다치는 이유는 마음을 사용하기 때문이다."

얼핏 들으면 지극히 감성적이고 지나치게 예민한 K의 모습에 한숨이 나올 법도 하다. 특히 리더로선 그렇다. 하지만 K의 눈물을 이렇게 생각해볼 수도 있다.

'K는 피드백을 흘려듣지 않는다. 지나치게 깊이 듣고 있다.'

K와 정반대의 캐릭터를 떠올려보면 이해하기 쉽다. 주변에서 어떤 피드백을 주든 전혀 개의치 않는 캐릭터 말이다. 그런 상황이 반복되면 동료들은 거대한 벽에 부딪힌 느낌을 받는다. 모두가 자기 생각은 존중받지 못하며, 저 사람은 앞으로도 변하지 않을 것이라고 한계를 느낀다. 그런 사람을 떠올려보

면 K의 눈물이 조금 다르게 보인다. 그는 감성적이고 예민한 게 아니라 '깊이' 듣고 있는 거라고. 그런 마음으로 K의 리더에게 박연준 시인의 저 문장을 적어주고 있자니 또 다른 장면 하나가 머릿속에 떠올랐다.

피드백을 유난히 힘들어했던 내게도 그런 위안을 준 순간이 있었다. 5년쯤 된 일이다. 나는 그즈음 누군가의 날 선 피드백을 받고 상심에 잠겨 있었다. 밤늦은 시간까지 메신저로 고민을 상담해주던 동료가 이런 말을 건넸다.

"윤경아. 넌 참 겸손하다."

갑자기 무슨 소리인가 싶어 되물었다.

"더 나아지고 싶어서 그 한마디를 무시하지 않고 새겨듣는 거잖아. 그래서 지금 마음이 힘든 거고."

나중에 그 말에 대해 물어보니 그는 그 순간을 기억하지 못했지만, 내겐 그 한마디로 모든 것이 달라졌다. 정확히 말하면 관점이 달라졌다. 나는 그런 피드백을 받은 이유가 내 실력이 부족해서라고 생각했다. 이렇게 괴로워하는 것도 멘탈마저 약해서라고 여겼다. 지나치게 예민해서 그냥 흘려들으면 될 일에 집착한다고도 자책했다. 하지만 그는 전혀 다른 해석을 내놓았다. 나는 졸지에 더 나아지고 싶어서 피드백 하나도 허투루 듣지 않는 겸손한 사람이 되어 있었다. 내가 나약해서 휘둘리는 게 아니라 겸손해서 상대의 말을 수용하는 것이다. 못나서가 아니라 겸손해서. 예민해서가 아니라 깊이 들어서.

그래, 그렇다고 치자. 나는 그 말을 진심으로 들었기에 피드백이 마음 아프게 다가왔다. 그리고 이 책을 집어 들고 여기까지 읽은 당신도 분명 비슷한 경험이 있었을 것이다. "인간은 상황 자체가 아니라 그 상황을 바라보는 관점 때문에 고통받는다"라는 에픽테토스의 말처럼 같은 상황이라도 어떻게 생각하고 해석하느냐에 따라 감정의 무게가 달라진다.

주도권은
피드백 받은 나에게 있다

요즘 인스타 피드를 보다 보면 유독 달리는 사람이 많다. 하루에 3킬로미터씩 100일을 달리는 챌린지를 하는 지인도 있고, 생각이 많은 날이면 술잔을 드는 대신 한강 변을 달린다는 이도 있다. 이야기를 들어보면 한결같이 하는 말이 있다.

"달리는 순간만큼은 내가 나를 컨트롤하고 있다는 느낌이 들어."

자신이 원하는 행동이나 생각을 제어하고 조절할 수 있는 능력, 즉 자기 통제력을 느낄 수 있다며 입을 모았다. 설명을 듣자 절로 고개가 끄덕여졌다. 사회에 발을 들인 이상 우리는 타인에 의해 수많은 통제를 받을 수밖에 없다. 내가 내 의지로 판단하는 것보다 고객과 리더들의 지시에 수동적으로 임해야 하는 순간이 더 잦지 않나. 내가 원하는 삶을 살고자 하는 욕구는 점점 높아지는데 실제 일터에서는 그게 제대로 작동되지 않는다. 근래 심심찮게 들려오는 '직장인 피동태'는 그래서 웃어넘길 수가 없다.

"저 오늘 팀장님한테 1 on 1 당했잖아요."
"회사에서 자꾸 뭐 참여하라고 하네. 소속감 당하는 기분이야."

비단 팀원들만의 이야기가 아니다. 리더들조차도 '팀장 당했다'라고 공공연하게 말한다. 내 의지로 나의 역할과 업무를 통제하지 못한다는 상실감이 묻어나는 대목이다. 피드백도 마찬가지다. 피드백의 목적은 분명 받는 이의 성장과 업무의 수준 향상에 있으나 당사자 입장에서는 다소 일방적으로 느껴질 수밖에 없다. 피드백이 중요하다고 강조하지만 하는 사람은 어떻게 해야 하고, 듣는 사람은 어떻게 받아들여야 하는지를 제대로 배우지 못했다. 그러니 학창 시절 선생님의 훈화 말씀이나 모의고사 채점지인 양, 들으면 바로 반영해야 하는 일방적인 지적과 지시로 느껴지는 경우가 다반사다. 한마디로 피드백의 주도권이 '하는 사람'에게 있다고 전제하는 거다. 나 역시 그렇게 여겼다.

이런 생각에 경종을 울린 것은 넷플릭스의 사내 피드백 원칙이었다. 그것은 단순히 '이렇게 피드백하라'는 것에 그치지 않고 '이렇게 피드백을 받아들여라'라는 메시지도 포함하고 있다.

1. (주는 사람은) 도울 의도로 말하라 $^{\text{Aim to assist}}$.
2. (주는 사람은) 실행할 수 있게 말하라 ^{Actionable}.
3. (받은 사람은) 고마움을 표해라 ^{Appreciate}.
4. (받은 사람은) 수용할지 말지를 정해라 $^{\text{Accept or discard}}$.

1부터 3까지는 거리낌 없이 읽어내려 갔지만 4는 어째 좀 이상하다. 그간 가지고 있었던 전제와 다르지 않나. 들었으면 수용하고 이행해야 하는 것이 마땅한데 수용할지 말지를 결정하라니!

피드백을 파고들면 들수록 이 네 가지 원칙 중 핵심은 네 번째 원칙에 있다는 생각을 하게 된다. 특히 한국 사회에 맞게 이 원칙을 적용하려면 네 번째 원칙을 첫 번째로 순서를 바꾸는 것이 맞겠다는 생각이 들 정도다. 우리 사회는 앞서 말한 것처럼 피드백을 '들으면 수용해야 하는 지시'로 단단히 오해하고 있기 때문이다. 그래서 피드백을 주는 사람은 자신의 의견이 반영되지 않으면 무시당했다고 느끼고, 받는 사람은 본능적으로 방어적인 태세를 갖추는 것은 아닐까.

피드백을 듣고 받아들일지 말지를 결정할 수 있는 주도권이 받는 사람에 있다고 생각하면, 많은 것이 달라진다. 주는 사람은 지시가 아닌 제언으로 이야기하고, 받는 사람은 때론 이해하기 어려운 피드백 앞에서도 경직될 필요가 없어진다. 자신에게 필요한 것만 취사선택하면 그뿐이니까.

단, 오해는 하지 말아야 한다. '넌 네 생각을 말해. 난 안 들을 거니까' 식으로 타인의 피드백을 가스라이팅 취급하라는 이야기가 절대 아니다. 피드백은 무조건 수용해야 하는 지시도 무조건 무시해야 하는 허튼소리도 아니다. 그 안의 옥석을 가리고 나를 위해 수용할 부분을 선택하는 주도권이 피드백을 받은 나에게 있다는 뜻이다.

동료 H는 내게 이러한 관점의 힘을 일깨워준 인물이다. 어느 날 그가 진행하던 프로젝트에 대해 누군가가 부정적 피드백을 내놓은 적이 있었다. 내용이 꽤 심각했는데, 그걸 듣는 그의 표정은 너무 아무렇지도 않아 보였다. 그 모습이 신기해서 회의를 마치자마자 대화를 청했다. 그의 대답은 간단했다.

"두 가지 경우가 있다고 생각해요. 그 피드백이 옳다면 반영하면 되죠. 몰랐던 것을 알고 고치게 되었으니 정말 고마운 일이에요. 그 피드백이 틀렸거나, 잘못된 정보에 근거한 것이라면 그냥 그런 거예요. 뭐 잘 모르고 이야기할 수 있죠. 덕분에 우리 프로젝트가 잘 수행되고 있다는 걸 확인할 수 있었어요. 어느 쪽이든 우리 프로젝트에 나쁠 게 없잖아요."

그의 태도는 나를 포함한 일반적인 반응과 달랐다. 피드백의 주도권이 상대에게 있다고 보는가, 아니면 나에게 있다고 생각하는가. 이 차이는 무척 컸다. 앞서 비운의 주인공 K는 피드백을 자신에 대한 비난과 지시로 받아들였기에 그 상황에서 해결 방법을 찾는 대신 자기연민에 빠져들었다. 반면에 H는 피드백에서 수용할 것과 그러지 않아도 될 부분을 간단히 구별해냈다.

H의 관점은 그가 시종일관 보이는 '유머'에서도 드러났다. 그는 꽤 진지하고 심각한 회의 석상에서도 종종 유머를 구사하곤 했다. 단순히 웃긴 걸 좋아하는 캐릭터라고만 생각했는데, 그의 관점을 이해하고 나니 이 또한 다르게 해석되었다.

유머는 이 상황을 자신이 통제하고 있다는 뜻이다. 문제에 압도당하는 것이 아니라 여유를 가지고 이 상황을 통제하고 있기에 미간을 찌푸리고 한숨을 쉬는 대신 웃음 한 스푼을 얹을 수 있는 게 아닌가. 그것이 바로 주도권의 힘이다.

이쯤에서 언급하지 않을 수 없는 책이 있다. 바로《빅터 프랭클의 죽음의 수용소에서》다. 다음은 저자 빅터 프랭클^{Viktor E. Frankl}의 말이다.

"자극과 반응 사이에는 공간이 있다.
스스로의 반응을 선택하는 우리의 힘이 그 공간에 있다.
그리고 우리의 성장과 자유는 그 반응에 달려 있다.
Between stimulus and response there is a space.
In that space is our power to choose to response.
In our response lies our growth and freedom."

관점을 달리하는 데 도움이 될 만한 말이 또 하나 있다. 옛말 그른 데 없다는 말에 점점 동의하는 사람으로서 요즘 '지는 게 이기는 거다'란 말을 자주 곱씹는다. 적지 않은 사람들이 피드백을 받아들이는 것을 '지는 것'으로 여긴다. 하지만 진짜 이기는 길은 '내 말대로 그냥 관철하는 것, 결국 내 의견이 맞았음을 증명하는 것'이 아니다. 내 것에 상대의 의견을 보태어 더 좋은 결과물을 만들어내는 것이다.

그러기 위해 일단 어찌해볼 수 있는 건 '나'의 언행이다. 여섯 가지 실험을 제안한다. 책 《What Do You Want?》의 저자 김호 코치가 이런 말을 한 적이 있다.

"도전이라는 말이 너무 무겁고 겁나면 도전 말고 실험이라고 생각해봐. 해보고 아니면 그만인 실험 말이야."

배운다고 생각하지 말고 내게 맞는 방법을 찾는다고 생각해보자. 상황을 통제하는 첫 단계로 나의 관점을 바꿀 수 있는 방법을 소개한다.

1. 달궈진 감정 냉각하기
2. 대응 매뉴얼 만들어보기

3. 중립 조언 구해보기

4. 그분 따라 해보기

5. 내 편 만들어보기

6. 아킬레스건 찾아보기

통제력 키우기 1

달궈진 감정 냉각하기

에피소드 1 '스읍' 피드백

보고서를 받아 든 선배 A의 미간이 좁혀진다. "스읍. 이거 좀 아닌데…."

밤새 준비해 온 B의 표정이 굳는다. "…." 잠시 침묵한 후 자리에 앉아 동기에게 카톡을 한다. "망했어… 완전 짜증나. ㅠㅠ"

날 선 피드백을 받으면 감정이 격양되기 마련인데 사람마다 그 화살의 방향은 다르다. 상대에게 화를 내는 사람도 있고, 스스로 땅을 파고 들어가는 이도 있다. 전자는 대개 기분이 태도가 되어 감정적으로 대응한 것을 나중에 후회한다. 후자는 비운의 주인공이라도 된 듯 스스로를 탓하며 자신을 몰아붙인

다. '역시 나는 안돼.' '내가 그렇지 뭐….'

그뿐일까. 흥분한 뇌는 꼬리에 꼬리를 물고 이야기를 만들어낸다. 앞으로 다가올 처참한 결과, 사람들의 연이은 비난과 평판 하락. 그뿐 아니다. 상대가 그동안 나를 얼마나 눈엣가시로 여겨왔는지, 가만히 생각해보니 이번뿐 아니라 다른 때도 고약한 심보로 나를 찔러왔다는 식으로 자꾸 이야기를 만들어낸다. 이런 감정 과잉은 타인에 의해 바닥을 치기 전에 선수를 침으로써 스스로를 보호하려는 뇌가 만들어낸 반응이다. 비운의 주인공이 되어 카타르시스를 느끼기도 하고, 동시에 '나를 위로해달라'는 무언의 메시지를 전하는 역할도 한다. 하지만 제삼자가 되어 그런 나를 한번 내려다보면 국면은 달라진다. 비운의 주인공이 되어 감정적으로 무너진 내 모습은 과연 어떻게 보일까.

짐작했겠지만 이 말은 자주 비운의 주인공을 자처했던 과거의 나에게 보내는 메시지이기도 하다. 여러 번 말했듯 날 선 피드백을 받을 때마다 자책하고 괴로워하곤 했는데 그걸 묵묵히 지켜보던 한 동료가 이렇게 말했다. "윤경아, 그럴 필요까지 있을까? 너 지금 자의식 과잉이야."

그렇다. 비운의 주인공은 전혀 멋지지 않다. 내가 받은 피드백이 100퍼센트 옳은 것도 아닐 테고, 옳다고 한들 그 잘못이 모두 내 책임일 수는 없다. 다른 이유도 분명 있을 것이다. 비운의 주인공은 도무지 더 나은 내일을 만들 수 없다. 똑같은 파도가 밀려들어 왔을 때 다시 속수무책으로 휩쓸릴 것 같다. 그리고 결국 어디선가 조용히 울고 있을 것 같다. 어떤가. 비운의 주인공은 전혀 멋지지 않다.

이는 비단 비운의 주인공에게만 해당하는 이야기가 아니다. 불같이 화를 내며 자리를 박차고 일어났거나 굳은 표정으로 분위기를 얼어붙게 만든 경우도 마찬가지다. 시간이 흘러 객관적 시각으로 바라보면 그럴 일이 아니었음을 알게 된다. 그때 내 감정은 단 몇 분이라도 냉각되었어야 했다.

감정에 휩쓸리는 순간 스스로 타임아웃을 선언하자. 영화 속에서 이따금 등장하는 시간을 멈추는 것처럼 나의 대응에 타임아웃을 준다. 감정을 냉각시키기 위한 나만의 리추얼을 만드는 것도 좋다. 내가 아는 한 동료는 고객이나 다른 동료에게 받은 피드백에 혈압이 오를 때면 일단 펜을 들어 적는다고 했다. 상대가 말한 키워드를 적고 자기 생각을 휘갈겨 쓴다고 했다. 그 과정에서 자연스럽게 심호흡을 하게 된다며, 내게도 이 방법을 써보라고 권했다. 또 다른 동료는 〈심야식당〉이라는 일본 드라마를 좋아하는데 그 인트로 음악을 머릿속에서 재생한다고 했고, 어떤 이는 일단 일어나 걷는다고 했다. 무엇이든 상관없다. 중요한 건 격해질 때 스스로 타임아웃을 외치고 감정의 열기를 냉각시킬 패턴을 만들어두는 일이다.

통제력 키우기 2
대응 매뉴얼 만들어보기

일하면서 감정적으로 굴었을 때만큼 후회를 남기는 일은 드물다. 그 후회를 반복하지 않으려면 인풋이 들어왔을 때 무엇을 출력할 것인지에 대한 매뉴얼이 필요하다. 피드백도 마찬가지인데 예를 들어보자.

부정적 피드백을 받았을 때

감정적 대응: "…." (='남 까는 건 쉽지. 자기가 하는 일 아니라고 지금….')
매뉴얼 대응: "조금 더 자세히 이야기해주시겠어요?"

모호한 피드백을 받았을 때

감정적 대응: "…." (='하나 마나 한 이야기를 몇 번째 하는 거야.')
매뉴얼 대응: "말씀해주신 것을 예로 들면 어떤 게 있을까요?"

알맹이가 없는 의례적인 피드백을 받았을 때

감정적 대응: "…." (='지금 좋은 말만 늘어놓으면 어쩌자는 거야. 아이디어를 달라고.')

매뉴얼 대응: "그렇다면 다음엔 무엇을 달리해볼 수 있을까요?"

정보가 부족한 상태에서 한 피드백을 받았을 때

감정적 대응: "…." (='제대로 알지도 못하면서….')

매뉴얼 대응: "제가 미처 공유하지 못한 부분이 있는 것 같아요. 잠시 부연 설명해드려도 될까요?"

이런 식이다. 물론 이대로 똑같이 할 필요는 없다. 각자 자주 접하는 피드백의 패턴을 생각해보자. 감정적으로 대응해서 후회스러웠던 피드백도 좋다. 매뉴얼을 만들어놓지 않으면 하던 대로 후회할 대응을 계속하게 되고 그 상황은 반복될 수밖에 없다.

통제력 키우기 3
중립 조언 구해보기

불편한 피드백을 받았다고 치자. 당신은 어떻게 행동하는가.

혹시 가까운 지인의 카톡창을 찾지 않나. 우린 본능적으로 억울하고 화가 나는 상황에서 '내 편 들어줄 사람'을 찾는다. 좋다. 나도 일단 살아야 하고 위로가 주는 힘도 무척 크니까. 하지만 때로 '내 편'은 나의 감정적 위로자 역할에만 충실한 나머지, 상황을 중립적으로 바라보지 않고 그저 맞장구만 쳐주기도 한다. 그러다 보면 생각이 자연스럽게 한쪽으로 치우쳐진다. '맞지? 역시 난 억울해.' 하지만 그냥 마음의 위안을 찾는 것을 넘어 상황을 개선하고 싶다면 찾아야 할 것은 내 편이 아니라 '중립적 조언자'다. 그러려면 질문을 바꿔 던지는 것부터 시작해야 한다.

내 편을 찾고 싶다면: "이런 피드백을 받았어. 내가 뭘 그렇게 잘못했어?" (=내 편 들어줘.)
중립적 조언자를 찾고 싶다면: "이런 피드백을 받았어. 여기서 문제가 뭘까?" (=이 문제를 해결하고 싶어.)

나의 질문 방식과 말투에 따라 상대의 반응은 완전히 달라질 수 있다. 따라서 내가 원하는 것이 감정적 위로가 아닌, 중립적 조언임을 명확히 밝힐 필요가 있다.

기업 교육을 가면 빠지지 않고 나오는 의견이 있다. '감정 섞이지 않은 피드백을 받고 싶다'는 거다. 하지만 그 반대도 마찬가지다. 피드백을 주는 입장에서는 받는 사람 역시 감정적으로 반응하지 않기를 바란다. 피드백을 받은 이가 눈물을 보이거나 격양된 표정을 지으면 대화는 실질적인 방향으로 나아가기 어려워진다.

물론 억울할 수 있다. "피드백하는 분이 먼저 감정적으로 나왔는데요? 근데 왜 저만 담담하게 대응해야 하죠?"라고 반문할 수도 있다. 속된 말로 결국 '선빵'의 문제다. 쉽게 말해 누가 먼저 어떻게 말을 시작하느냐가 전체 분위기를 좌우하는 셈이다. 감정 섞인 피드백에 나부터 담담하게 대응해보라는 말이 억울한가. 그렇다면 자신이 먼저 성숙한 대화를 실천해온 사람들의 경험을 들여다보는 것이 도움이 될 것이다.

> 통제력 키우기 4
그분 따라 해보기

연차가 낮을 때는 일을 탁월하게 잘 해내는 사람들이 동경의 대상이었다. 말을 잘해서, 분석력이 뛰어나서, 디자인을 잘해서. 하지만 이젠 조금 다르다. 연차와 소속, 직무를 불문하고 일과 사람을 대하는 태도가 더욱 크게 보인다. '피드백을 대하는 태도'는 그중에서도 크게 보이는 부분이다. 운 좋게도 꽤 여럿의 모범 사례를 만났다. 재밌는 건 그들의 색깔이 모두 달랐다는 것. 교과서처럼 단순히 귀를 크게 열고 열린 마음으로 듣는 데서 그치지 않고 각자의 포인트가 있었다.

(에피소드 1) **선배 K**

상황: 내가 묻지 않은 것에 대한 오지랖성 피드백을 받았다.
나의 예상 대응: '왜 묻지도 않은 것에… 자기 영역도 아니면서?'
K의 실제 대응: "신경 써서 말해줘서 정말 고마워. 감사의 의미로 커피 한잔이라도 사고 싶어."

(에피소드 2) **팀원 M**

상황: 아주 사소한 부분에 대한 마이크로 피드백을 받았다.
나의 예상 대응: '이런 것까지? 아… 이런 게 그 유명한 마이크로매니징?'
M의 실제 대응: "저 요즘 아침에 출근해서 제일 먼저 그 부분을 정리해요. 피드백 또 해주세요!"

(에피소드 3) **영업자 K**

상황: 공개 석상에서 본인에게 지극히 불리한 피드백을 받았다.

나의 예상 대응: '뭐야 저런 말도 안 되는… 거기다가 공개 석상에서?'

K의 실제 대응: "그럼 이 의견에 대해 다 같이 이야기해봅시다."

(에피소드 4) **에디터 H**

상황: 업무에 대한 다분히 공격적인 문제 제기를 받았다.

나의 예상 대응: '너나 잘하지?'

H의 실제 대응: "오, 완전히 좋아. 문제를 말해준 거면 고맙고, 문제가 아니라면 다행이니까."

(에피소드 5) **엔지니어 S**

상황: 성과 압박을 받은 상사의 감정적인 힐난을 받았다.

나의 예상 대응: '이런 상사와 함께 일할 수 없어. 퇴사각이다.'

S의 실제 대응: "그 사람 입장에선 그럴 수도 있지. 지적받은 문제를 해결해보자."

이번엔 모두가 알 만한 분의 이야기를 해볼까.

(에피소드 6) **배우 김혜자**

그가 tvN 프로그램 〈유퀴즈〉에 출연한 적이 있다. 그중 MC들의 말문을 막히게 한 순간이 있었다. 몇 년 전 드라마를 촬영할 때의 일이라고 했다. 대본 리딩을 마치고 대기실로 돌아왔는데 자신보다 훨씬 어린 작가가 전화를 걸어와 다짜고짜 다음과 같이 피드백했단다. 60년 경력에 80세가 넘은 국민배우에게.

"선생님. 그렇게 연기하면 누가 선생님을 써줘요?"

그는 그때 당시의 감정이 떠오른 듯 발끈하며 상황을 전했다.

"…얘가 미쳤나 했어요."

하지만 이내 김혜자 배우는 단단한 표정을 지으며 말을 이었다.

"근데요, 그 말이 맞았어요. 연기하는 내내 그 말이 도움이 됐어요."

그 모습이 그렇게 멋져 보일 수 없었다. 그가 그 어떤 연기력을 선보였을 때보다 훨씬 멋졌다. 그에겐 그 말이 한참 어린 업계 후배가 했든, 다소 무례하고 도발적이었든 중요하지 않았다. 오직 그것이 자신에게 도움이 된다는 사실 하나에만 집중했다.

당신에게 '그분'은 누구일까? 딱히 생각나지 않는다면, 위의 예시 중 '와…!' 하는 생각이 드는 분은 누구인가? 오지랖에 감사까지 표한 분? 곱씹고 활용한 분? 더 많은 이들의 의견을 물어본 분? 감정을 배제한 분? 상대의 입장을 생각한 분?

진지하게 고민해보면 주변에서 그 예를 어렵지 않게 찾을 수 있다. 나는 〈유퀴즈〉를 포함한 영상 콘텐츠에서 주로 힌트를 얻는데 개그우먼 장도연이 그중 한 명이다. 불과 몇 달 전까지만 해도 그는 내 머릿속에 키 크고 모델 포즈로 웃기는 사람 정도였다. 하지만 유명한 영상이 하나 돌았다. 섭외한 가수가 지각하는 바람에 장도연이 3분간 무대에서 애드리브로 버텨야 하는 상황이었는데 능숙하게 참 잘했다. 그리고 다른 사람의 개그와 묘하게 다르다고 느껴졌다. 그 영상에 달린 댓글을 보면서 그게 무엇인지 깨달았다.

"와, 장도연은 아무도 안 까면서도 엄청 웃기네."

맞다. 영상이 범람하며 우리는 점점 자극적인 콘텐츠를 원하게 되었다. 그에 반응한 예능인들이 선택한 방법은 특정 인물이나 사물을 '비하'하는 것이었다. 깔깔대며 웃었지만 시간이 갈수록 불편한 감정이 쌓여간다. 누구도 자기 의사와 상관없이 웃음거리가 되어서는 안 된다는 자각이다. 그리고 그 누구도 비하하지 않고 웃길 수 있다는 점을 보여준 이가 장도연이었다. 이는 피드백할 때도 고스란히 적용된다. 누군가는 우위를 점하기 위해 피드백을 한다. 그래서 날 선 말로 공격하고, 상대의 K.O.를 받아내는 데만 집중한다. 하지만 우리는 누구도 상처 주지 않고 더 나은 아웃풋에 대해 대화할 수 있다. 장도연이 내게 준 교훈이다.

나의 선배 K부터 개그우먼 장도연까지 멋진 사람이라는 생각이 들지 않는가? 당신도 누군가에게 그런 모습을 보이고 싶다면 다음 스텝은 자연스럽다. 내게 아픈 기억으로 남아 있거나 혹은 두려웠던 그 상황에서 '그들이라면 어떻게 했을까?'를 생각해보는 것이다.

예전에 우리 회사에 경력직으로 입사한 동료와 대화한 적이 있다. 그는 입사한 직후 회사 분위기도 파악할 겸 사내 게시판을 쭉 살펴보다가 믿기 힘든 글을 보게 되었다고 했다. 사건의 전말은 이렇다. 한 구성원이 대표에게 익명으로 개선을 촉구

하는 피드백을 남겼고, 이에 대표는 '제가 실제로 이 부분이 부족합니다'라고 공식적으로 게시글을 올렸다. 20년 가까이 다른 조직에서 일해왔던 그에겐 그 모습이 너무나도 신선하고 낯설었다고 했다. 높은 직책으로 피드백을 막거나 누르려 들지 않고, 직급과 연차에 상관없이 피드백이 자유롭게 흐르는 것을 당연하게 여기는 대표의 태도가 말이다.

처음엔 '이 회사, 도대체 뭐지?' 싶었던 생각이, 어느새 '나도 리더가 되면 저렇게 피드백을 듣고, 흘러가게 하고 싶다'는 바람으로 이어졌다고 했다. 이렇게 한 사람의 행동은 주변으로 번지고, 결국 그것은 문화가 된다.

통제력 키우기 5
내 편 만들어보기

세상에 적이 없는 사람은 없다고 생각했다. 이해관계가 다르면 누군가와 척지는 것도 이상한 일이 아니니까. 그런데 간혹 '저 사람은 자기 일 똑 부러지게 하는데… 이상하게 적이 없네?' 하는 이들이 몇몇 있었다. 그냥 둥글둥글해서 상대에게 맞춰주는 것도 아니고 자기 의견을 포기하는 것도 아닌데 이상하게 대척점에 있던 이들도 어느새 이 사람의 편이 되어 한

곳을 바라보고 있었다. 앞에 소개한 에피소드의 주인공들이 바로 그런 사람들이었는데, 이들에겐 공통점이 있었다. '상대방은 무엇을 원할까?'를 본능적으로 혹은 의도적으로 고려했고, 그에 따라 행동했다. 슬프게도 나는 그런 센스를 타고나지 못했다. 하지만 배우고 싶어서 그들을 유심히 지켜보았다. 그들의 행동은 확실히 달랐다.

펜을 꺼내 적는다. "잠시만요. 메모 좀 할게요"

요즘 팀장들은 피드백하기가 꺼려진다고 말한다. 기껏 피드백했는데 무시하거나 되받아치기라도 하면 오히려 크게 위축되기 때문이다. 자신의 의견이 받아들여지지 못할까 봐, 인정받지 못할까 봐 두려워하는 것은 피드백을 건네는 사람도 마찬가지다. 자신의 피드백이 있는 그대로 존중받기를 원한다. 그 마음을 읽었을 때 할 수 있는 행동 중 하나는 '적는 것'이다. 적는다는 것은 적극적으로 존중한다는 표현이니까.

피드백을 노트에 적는 것은 뜻밖의 효과도 있다. 우선 내 부정적 감정 동요를 가려준다. 인간의 눈빛과 표정은 순식간에 전달된다. 피드백을 듣는 순간 굳거나 찌푸려지는 표정은 상대에게 '내 피드백이 거부당했다'는 인상을 주며, 분위기를 순식간에 얼어붙게 만든다. 이어지는 대화는 좀처럼 부드러워지기 어렵다. 고개를 숙여 노트로 시선을 돌리는 순간 일단 이런 상황을 차단할 수 있다. 또 한 가지. 감정을 냉각시킬 시간을 벌 수 있다. 받은 피드백의 키워드를 적고 정리하면서 내 생각을 정리할 시간이 생긴다. '참을 인忍' 세 번이면 살인도 면한다. 노트에 글자 몇 자 적어 내려가는 사이 우리의 감정은 생각보다 빠르게 냉각될 수 있다.

고맙다고 말한다. "시간 내어 의견 주셔서 감사합니다"
간혹 피드백을 건네고 후회할 때가 있다. 5년 전쯤 그날도 그랬다. 한 선배의 발표를 들었다. 내용은 더할 나위 없이 훌륭했지만 발표 자료가 시각적으로 세련되지 않다는 생각에 별생각 없이 시각화에 대한 피드백을 메일로 보냈다. 그러나 바로 후회했다. 나보다 나이 많은 분에게 이렇게 피드백을 하는 게 실례일 수도 있었고, 무엇보다 청하지도 않았는데 선 넘는 피드백을 한 것에 대한 후회였다. 장표 디자인이 이분의 전문 분야도 아니니 굳이 잘할 필요도 없는 데다 내 생각이 정답도 아니어서 도대체 내가 뭐라고 그랬을까 싶었다. 요즘 말로 '안물안궁'이었는데 괜한 오지랖이었다. 메일을 열어보고 당황한 그의 표정이 상상됐다.

하지만 그가 보내온 회신의 첫 줄은 '와우!'로 시작했다. 그는 시간을 내서 꼼꼼하게 피드백해준 것에 감사 선물을 하고 싶다고 했다. 이후 그는 내 머릿속에 PPT 디자인을 세련되게 하지 못하는 사람이 아니라 익숙하지 않은 영역도 더 배우고 싶어 하는 겸손한 사람으로 남았다.

앞서 소개한 바와 같이 피드백 문화에 진심인 넷플릭스에서 공식화한 피드백 원칙 중 하나가 '고마워해라^{appreciate}'다. 도움이 된 피드백이나 정중한 피드백에만 고마워하라는 식의 조건은 없다. 무조건 고마워해야 한다. 상대가 자신의 시간과 지식을 들여 전달해준 것이라면, 감사의 표현은 선택이 아니라 필수다. (물론 그다음 원칙은 accept or discard, 즉 피드백을 수용하든 하지 않든 그 선택은 받는 이의 몫이라는 것이다.)

'조금 더' 청한다. "다시 조언을 청해도 될까요?"

지양해야 할 피드백 중 하나가 '다수가 있는 자리에서의 부정적 피드백'이다. 많은 이들이 '제발 그런 건 둘이 있을 때만…'이라며 울상을 짓는다. 나도 그랬다. 100명쯤 있는 회의 자리에서 공개적인 힐난을 들은 적이 있는데 그때의 수치심은 지금도 선명하게 남아 있다.

그런데 말이다. 누군가는 같은 상황에서도 다르게 반응했다. 내가 일하는 조직의 대표가 그러했다. 몇 년 전 대규모 회의 자리에서 한 팀장이 공식적으로 그에게 이의를 제기했다. 게다가 내용은 다분히 편향적이었고, 굳이 다 있는 자리에서 꺼낼 이야기도 아니었다. 평소 의연하기로 소문났던 대표도 잠시 당황한 듯했다. 하지만 이내 이렇게 말을 이어갔다.

"그럼 그것과 관련해서 다음 회의 때 의제를 상정해봐도 좋겠습니다."

나중에 이 사건(?)에 대해 물으니 그는 이렇게 답했다.

"물론 당황했지. 애 뭐지? 싶은 생각도 들었고. 그래도 그 자리에서 그냥 의견을 되묻거나 내가 화를 냈다면, 그 후로 다른 생각이 있어도 사람들이 입을 닫아버릴 거잖아."

꽤 오래전 일인데도 대표는 종종 그 사건을 언급한다. 심지어 거기에 이름까지 붙였다. 'OOO 정신'(OOO은 그에게 그 피드백을 한 팀장의 이름이다)이라고. 누구나 거리낌 없이 자신의 의견을 개진하는 것이 옳다고, OOO처럼 그러는 것이 옳다고 말이다. 그리고 그는 귀에 못이 박힐 정도로 말한다. 자신에게 계속 피드백을 해달라고 말이다. 그 말이 빈말이 아니라는 건 그의 평소 태도에서도 드러난다. 얼마 전 전체 팀장 회의에서도 그랬다. 특정 안건에 대해 좀처럼 의견이 나오지 않자 다시 그 이름을 꺼냈다.

"여러분, 우리 조직엔 OOO 팀장님 같은 분이 필요합니다. OOO 정신을 발휘해주시길 간곡히 부탁드립니다."

이게 지극히 영리한 행동이라는 것을 팀장으로서 일하며 깨닫는다. 그냥 그릇이 커서, 리더는 들어야 하니까 그런 것이 아니다. 그렇게 해야 팀원들이 '일의 주인'이 되고 그것이 곧 리더의 성과로 이어지기 때문이다. 내가 어떤 이야기를 하든 존중받고, 어떤 의견을 내든 타박받지 않으니 자연스럽게 주인의식이 생긴다.

물론 이것이 팀장에게만 국한된 이야기일 리 없다. 조직의 발전과 리더의 성장뿐 아니라 일하는 우리 모두의 성장을 위해서 타인의 피드백은 필수적이다. 인간은 누구나 생각하는 대로 산다. 그 생각의 범위와 깊이를 키우려면 내가 무엇을 모르는지, 무엇을 잘못 알고 있는지를 알아야 한다. 그 핵심 열쇠가 타인의 피드백에 있다. 여기 그 피드백을 청해 듣기 위한 마법의 질문이 있다.

"조언을 좀 구할 수 있을까요?"

지극히 상대를 인정한다는 이 표현은 냉소적인 사람마저도 '함께 문제를 해결할 동료'로 만든다. 같은 의미를 담은 조금 다른 표현을 찾는다면 다음과 같은 말도 좋다.

"피드포워드^{feedforward}를 부탁드려도 될까요?"

여기서 중요한 건 '피드백'이 아닌 '피드포워드'다. 이는 근래 많은 이들이 언급하며 점점 대중화되는 개념이다. 피드백의 방향은 과거에 대한 평가에 좀 더 초점이 맞춰져 있다. '이건 이래서 좋고, 이건 이래서 좀 아쉬워'와 같이. 반면 피드포워드의 방향은 미래를 향해 있다. 이건 좋으니 이렇게 더해보고, 이건 아쉬웠으니 이렇게 개선해보자는 문제 해결의 아이디어를 포함한다. 그걸 청하는 거다.

애프터를 공유한다. "덕분에 이렇게 보완되었어요"

또 다른 유용한 방법은 '비포 앤드 애프터^{before and after}'를 공유하는 거다. 쉽게 말해 상대에게 당신의 피드백이 이렇게나 쓸모 있었음을 느끼게 하는 것이다.

한번은 내 팀원에게 피드백을 했는데 너무 직설적이었던 건 아닐까 하는 후회가 들었다. 다음 날 아침 그 팀원이 출근하자마자 내게 노트북을 들고 찾아왔다. "어제 피드백을 받고 나서 이렇게 보완해봤는데 어떠세요?"라고 묻는 것이 아닌가. 팀원의 그 행동에 나도 더 진심으로 돕고 싶어졌고, 말투도 한결 다정해졌다. 더 해주고 싶었다. 아주 사소한 행동이 불러온 나비효과였다.

감정을 냉각해보고 중립 조언을 구하고, 따라 해보고 싶은 누군가를 찾고 상대를 내 편으로 만드는 것. 여기까지만 해도 충분히 당신이 해봄 직한 실험이지만… 아직 제일 중요한 게 남았다. 내 아킬레스건을 찾는 일이다.

통제력 키우기 6
아킬레스건 찾아보기

일하면서 절대 하지 말아야겠다고 조심하는 금기어가 몇 개 있다. 그중 하나가 '난 안 그런데'다. 예를 들어 이런 상황이다.

A: "OO 프로젝트가 너무 빡세서 힘드네요…."
B: "(같이 하고 있는) OO 프로젝트? 난 안 그런데…." (=나약

하네. 그 정도 가지고….)

A: "회의실 방음이 너무 안 되어서 집중이 안 되네요."
B: "(심드렁한 말투로) 아… 난 안 그런데…." (=지나치게 예민하네.)

무언가에 예민하다는 건 그만큼 그 일이 그 사람에게 중요하다는 신호일지도 모른다. 쓸데없이 예민한 게 아니라 수십 년의 경험이 쌓이면서 빨간불이 켜지게 된 그 사람의 아킬레스건일 수 있다. 거기에 대고 "난 안 그런데"라고 말하는 순간 상대는 할 말을 잃는다. 내게도 그런 아킬레스건이 있었다.
오래전 야근과 주말 출근을 밥 먹듯 하던 시절의 일이다. 그날도 점심을 거르며 PPT 작업을 하던 내게 한 동료가 이런 말을 했다.

"이윤경 완전 독해."

비아냥거리는 뉘앙스에 머릿속이 하얘졌다. '네가 뭘 알아'라는 말이 먼저 떠올랐다. 당황스러웠고 '나 안 그래'라는 마음도 들었다. 억울했다. '독하다'는 그 한마디가 오래도록 나를 괴롭혔다. 그 이후 그를 생각이 짧고 무례하다고 여겼기에 함께 일하는 것이 꽤 오랫동안 쉽지 않았다. 하지만 그 상황의 진짜 문제는 그가 아니라 나였다는 걸, 아주 오랜 시간이 지나고 나서야 비로소 알게 되었다. 나는 왜 '독하다'는 말에 그렇게까지 기분이 나빴을까? 분명히 이 글을 읽는 누군가에겐 '뭐 굳이 기분이 좋진 않아도 그냥 듣고 흘릴 수 있는 정도 아닌가?' 싶을 텐데 말이다.

나는 불도저 같은 사람이었다. 좋게 말하면 추진력이 뛰어났지만, 현실적으로는 불도저같이 일을 밀어붙이느라 종종 주변 사람들의 감정을 살피지 못했다. 제법 성과도 났고 누군가에겐 일 잘하는 사람으로 보였을지 모르지만, 주변 이들을 배려하지 못해 상처 주고 있다는 자책감이 그만큼 컸다. 그건 내게 아킬레스건이기도 했다. '독하다'는 표현은 정확히 그 지점을 건드렸다. ('독하다'의 사전적 정의는 '마음이나 성격 따위가 모질다'이다.) 그래서 나는 지나치게 감정적으로 동요했다.

누구에게나 유난히 크게 느껴지는 아킬레스건 하나쯤은 있게 마련이다. 그걸 알면 꽤 많은 것이 달라진다. 이유를 나에게서 찾을 수 있게 되니까. 단순히 멘탈이 약하거나 예민해서가 아니라 내게 중요한 고민이라 크게 느껴지는 거라고 스스로 해석해줄 수 있으니까. 예를 들어보자.

발끈 상황 1.

피드백: "이거 스펠링이 잘못된 것 같아요."

반응: 발끈!

해석: 내 아킬레스건은 '학력에 대한 열등감'.

발끈 상황 2.

피드백: "이렇게 적으면 사람들이 제대로 이해 못 할 것 같은데…."

반응: 발끈!

해석: 내 아킬레스건은 '주변에 민폐가 될 거라는 두려움'.

발끈 상황 3.

피드백: "근무할 때 에어팟은 빼고 일하면 좋을 것 같아요."

반응: 발끈!

해석: 내 아킬레스건은 '몰입할 수 없는 환경에 대한 불안'.

당신이 유난히 발끈하는 상황과 그 뒤에 숨겨진 아킬레스건은 무엇일까?

사실 유용한 단서는 차고 넘친다. MBTI를 필두로 나를 찾고 싶고, 정의하고 싶어 하는 이들의 욕망에 부응하듯 다양한 성격 유형 진단이 주목받고 있다. 갤럽의 스트랭스파인더나 태니지먼트 같은 커리어 강점 진단 도구도 그중 하나다. 얼마 전 애니어그램이라는 성격 진단을 해보았는데 그 결과가 흥미로웠다. 나는 아홉 가지 유형 중 '지도자형'이 나왔다. 그 성격 유형의 별칭은 '곰'이었다. 자신의 영역이 매우 분명하고, 상황을 통제하고자 하는 성향이 강한 유형이라는 설명을 읽으며 내 성격과 너무 맞아떨어져 무릎을 쳤다.

간혹 협업 프로젝트에서 발끈하는 상황이 발생했고, 그게 나의 오랜 고민이었다. 단순히 성격이 불같아서, 감정적으로 제어하지 못해서 그런 것이라 여겼다. (그것도 맞다.) 하지만 이유가 더 있었던 거다. 나의 영역을 타인에게 통제받는 것에 대한 불안이 다른 이들보다 유난히 컸고, 그게 나의 아킬레스건이었음을 깨달았다. 그걸 알고 나자 꽤 많은 것이 달라졌다. 이유를 이해하고 나니 감정을 잘 다스릴 수 있게 되었다. 객관적 데이터와 진단의 힘이었다.

하지만 중요한 건 '이게 나구나'에서 끝나서는 안 된다는 점이다. '내가 이래서 이랬구나', '이게 때로 이렇게 벽을 칠 수 있겠구나'까지 생각이 이어져야 한다. 그래야 앞서 이야기한 "전 ESTP여서 꼼꼼한 건 잘 못 해요"가 아니라 "전 ESTP라서 꼼꼼함이 좀 떨어질 수 있는데 다음엔 세 번 더 점검해봐야겠어요"라고 말할 수 있다.

이제 당신이 시뮬레이션해볼 차례다. 어떤 피드백이 유난히 당신을 발끈하게 했는가. 예민한 게 아니라 중요한, 당신의 아킬레스건은 무엇인가?

어떤 좌절은 나락이 아니라 서사를 만든다

여기까지 읽은 당신이라면, 조금은 지쳤을지도 모르겠다. 아찔했던 경험을 떠올리며 감정을 추슬러야 하고, 애서 내 편도 만들어야 하고, 아킬레스건까지 들여다봐야 하니 말이다. 마치 내 치부를 스스로 들추는 기분이 들어, 이 글을 계속 읽는 게 달갑지 않을 수도 있다. 원래 책을 읽으면 '그래. 나 꽤 괜찮은 사람이야' 하는 위로를 받는 재미가 쏠쏠한데 이 책은 도무지 언제쯤 그런 위로를 해주나 싶을지도 모르겠다. 위로가 될는지 모르겠지만 이건 개인의 그릇이나 역량 이야기보다는 시대 탓이 크다고 생각한다.

예전에는 제법 귀에 많이 들렸던 표현이 있다. '그럴 수도 있지~', '뭘 그런 걸 가지고~', '괜찮아. 다음에 잘하면 되지'. 어찌

보면 당연한 이 말들이 요즘엔 잘 들리지 않는다. 그런 말을 해봤자 사람들은 공감하지 못한다. '실패는 성공의 어머니'라는 말도 비슷한 맥락이다. 실패는 성공의 어머니가 아니라 나락의 지름길이라는 게 지금 시대에는 더 적합하다.

언제부턴가 '나락'이라는 표현이 일상어로 쓰인다. '너 그러다 나락 간다', '나락 방지 위원회에서 나왔습니다' 식의 표현이 밈처럼 쓰이기도 한다. 사전을 찾아봤더니 대충 이런 뜻이었다.

나락

1. 죄업을 짓고 매우 심한 괴로움의 세계에 떨어진 중생이나 그런 중생이 머무는 세계.
2. 벗어나기 어려운 절망적인 상황을 비유적으로 이르는 말.

이런 무시무시한 표현이 어쩌다 일상어가 됐을까. 이 역시 시대의 변화에 이유가 있다. 전 지구인들의 체형이 최근 10년 사이 급격히 변했다. 모두가 종일 스마트폰을 들여다보느라 거북목이 된 까닭이다. 작은 스마트폰 화면에 타인의 일거수일투족이 등장한다. 많은 이들이 자신의 사소한 일상을 공개하며 일명 '인플루언서'가 되고 싶어 한다. 그러다 보면 아주 작은 실수 하나까지 수많은 이들에게 노출된다. 그뿐일까. 박제되고, 캡처되어 떠돈다. 나와 일면식도 없는 전 세계 사람들이 나의 실수에 왈가왈부한다.

이것이 끝도 아니다. 실수는 평판이 되어 주홍글씨처럼 남는다. 많은 이들이 그렇게 '나락 가는 것'을 지켜본 사람들은 자연스럽게 겁을 먹는다. 나도 실수하면 저렇게 될 것 같은 불안이 엄습한다. 그래서 실패를 두려워하게 되고, 완벽해야 한다는 강박을 느낀다. 쉽게 나의 부족한 점, 잘못된 점을 인정하지 못하는 것도 같은 맥락이다. 여기까지만 들어보면 이렇게 살얼음판 같은 세상을 앞으로 어찌 살아가야 하나 싶어 한숨이 절로 나올 수도 있겠다. 하지만 결코 완벽하지 않은 실수투성이 삶도 괜찮다고 말하는 이들이 있다. 디즈니 애니메이션이 그렇다.

모두가 알다시피 디즈니는 전 세계가 사랑하는 이야기를 만든다. 근 몇 년 사이 가장 사랑받은 작품 중 하나가 〈겨울왕국〉이다. 한번은 지인들과 '엘사가 좋네, 안나가 좋네' 하는 시시껄렁한 수다를 나누고 있었다. 그중 엘사의 열렬한 팬이 있었다.

엘사를 좋아하지 않을 이유가 있을까. 비주얼부터 가창력까지 완벽한 캐릭터인걸. 하지만 그가 엘사를 좋아하는 이유는 내 예상을 벗어났다. "처음엔 엄청 이상했잖아. 완전 예민하고 도망이나 가고." 맞는 말이었다.

엘사는 완벽해서 사랑받은 게 아니다. 디즈니의 이야기는 늘 사람의 마음을 건드린다. 그 방법은 간단하다. 세련되지도, 완벽하지도 않은 주인공이 연거푸 실수를 반복한다. 좌절의 늪에 빠지고, 넘어진다. 하지만 기어이 그걸 딛고 달라진다. 우리가 환호하는 지점은 바로 그 순간이다. 완벽한 결과가 아니라 용기 내어 앞으로 내딛는 그 과정. 그렇다면 말이다. 한없이 부끄럽고 어설픈 지금 우리의 모습도 어쩌면 충분히 매력적인 서사의 한 장면이 될 수 있지 않을까. 우리가 어떤 내일을 만들어가느냐에 따라서 말이다.

한때 완벽한 모습만 보이고 싶었던 때가 있었다. 늘 정제된 모습으로 제일 일찍 출근했다. 일의 과정은 전혀 공유하지 않았다. 기획안도 초안이 완성된 버전 1.0부터 공유했다. 완벽한 결과로 인정받고 싶었고, 실제로 제법 주변의 인정도 받았다. 그러다 어느 날 아주 커다란 실수를 저지르고 말았다. 처음으로 사무실에서 눈물을 보였다. 늘 발언에 거침이 없었던 내가 침묵했고, 방법을 모르겠다며 자신 없어 했다. 사실 두려웠다. 그동안 쌓아온 신뢰가 한순간에 무너졌다고 생각했다. 하지만 무너진 건 신뢰가 아니라 벽이었다.

"팀장님한테 말 걸기 어려울 때가 참 많았어요. 워낙 생각이 분명하고 똑 부러지셔서. 그런데 '방법을 모르겠다'며 인간적인 모습을 보여주시는 순간… 뭐랄까, 정말 도와드리고 싶었어요. 응원하고 싶었고요."

꽤 시간이 흐르고 나서는 이런 말도 들었다.

"네가 그래서 마음 아팠어. 남 얘기 같지 않아서. 그런데 꿋꿋하게 일어나는 거 보니까 박수 쳐주고 싶더라."

사랑받고 싶어서 완벽해지려 애썼지만, 아이러니하게도 내가 가장 사랑받았던 순간은 완벽과는 거리가 멀었던, 가장 아등바등하던 때였다. 잊지 말자. 완벽할 리 없는 우리는 모두 각자의 서사를 쓰는 중이다. 아직도 와닿지 않는다면 내게 큰 위로와 힘이 되어준 한 문장을 들려주고 싶다. "인순이도 망친 무대가 있었다."

자, 이렇게 '내가 어찌할 수 있는 나의 변화'에 대해 이야기를 했다. 감정도 냉각해보고 중립 조언도 구해보고, 그분을 찾아 따라 해보기도 했다. 내 편을 만들고 아킬레스건을 찾아보는 것도 당신이 해봄 직한 실험이다. 하지만 분명히 이렇게 생각하는 사람도 있을 것이다.

"좋은 말씀인데요. 나만 노력하면 뭐 하나요? 아무리 제가 노력한다 한들, 상대가 무례하고 날카로운 피드백을 몇 번이나 반복하면 저 역시 노력하고 싶은 마음이 싹 사라질 것 같아요."

맞다. 내가 바꿀 수 있는 것은 어디까지나 나 자신이지만, 피드백의 열쇠는 '상대'에게도 있다. 그 내용은 뒤에서 자세히 다룰 예정이다. 우선 지금까지 배운 내용을 바탕으로 직접 한번 적용해보자.

(시뮬레이션)

내가 바꿀 수 있는 '나'

나의 대응을 준비해보자.

최악의 피드백을 받은 상황을 적어보자. 딱히 생각나지 않는다면 가장 두렵고 걱정되는 상황을 가정해도 좋다.

_____

_____

① 달궈진 감정 냉각하기

아픈 피드백을 듣고 비운의 주인공처럼 굴거나 갑자기 발끈하는 등 감정에 휘둘리지 않기 위해 당신은 어떤 방법을 써볼 수 있을까?

윤경의 시뮬레이션

1980년대 드라마 여주인공이나 싸이월드의 오글거리는 눈물 장면을 떠올린다. 자칫 감정에 취했다가는 그런 모습으로 보이고 기억될 것이 두려워서라도 퍼뜩 정신을 차릴 수 있을 것 같다.

나의 시뮬레이션

_____
_____
_____
_____

② 대응 매뉴얼 만들어보기

요즘 자주 피드백을 주는 상사나 리더, 고객이 반복적으로 사용하는 말 중에서 유난히 불편하게 느껴지는 피드백의 패턴을 정의하고, 이에 대응할 첫 문장을 써보자.

윤경의 시뮬레이션

자주 듣는 피드백의 패턴: 전반적인 업무를 이해하지 않은 상황에서 표면적으로 드러나는 문제점만 지적하는 피드백.
이 상황에서 내 대응의 첫 문장: "잠시 제가 히스토리를 설명해드려도 될까요?"

나의 시뮬레이션

자주 듣는 피드백의 패턴:
이 상황에서 내 대응의 첫 문장:

③ 중립 조언 구해보기

내 편을 들어줘야 한다는 감정적 부담 없이 중립자로서 조언해줄 법한 주변인을 찾아 적어보자.

윤경의 시뮬레이션

팀원 S, 동료 S, 선배 J

나의 시뮬레이션

---

④ 그분 따라 해보기

피드백을 수용하는 태도가 매력적인 주변인이나 유명인을 찾아 적어보자. 그 이유는 무엇인가? 그는 나와 다르게 어떻게 대응했나?

윤경의 시뮬레이션

그분: 김혜자 배우
이유: 본문에 언급한 그대로 자신의 연륜과는 상관없이 합리적인 피드백은 적극적으로 받아들이고, 자신의 의견도 솔직하게 드러내서.

나와 다른 대응: 피드백하는 방식이 다소 무례했다고 해도 그 안에서 자신의 성장을 위해 취할 만한 것을 찾는 데 집중했다.

나의 시뮬레이션

그분:

이유:

나와 다른 대응:

⑤ 내 편 만들어보기

상대방을 내 편으로 만들기 위한 다음의 네 가지 방법 중 당장 써먹을 수 있는 것을 하나 고르고 자신만의 표현으로 문장을 만들어보자.

    a. 펜을 꺼내 적는다.
    b. 고맙다고 말한다.
    c. '조금 더' 청한다.
    d. 애프터를 공유한다.

윤경의 시뮬레이션

선택: b. 고맙다고 말한다.

문장 만들기: "먼저 정말 감사드려요. 자칫 놓칠 수 있는 부분이었는데, 덕분에 알아챌 수 있었습니다."

나의 시뮬레이션

선택:

문장 만들기:

⑥ **아킬레스건 찾아보기**

가장 감정적으로 동요했던 상황을 떠올리며 그때 건드려진 나의 아킬레스건을 찾아보자.

윤경의 시뮬레이션

감정적으로 동요하게 되는 패턴: 독하다는 피드백을 받았을 때. 그때 건드려진 나의 아킬레스건: 주변을 배려하지 못하고 일을 밀어붙인다는 자격지심.

나의 시뮬레이션

감정적으로 동요하게 되는 패턴:

그때 건드려진 나의 아킬레스건:

2단계 수용력

한발 물러나 상대의 '이유'를 찾는다

케이스 2
불만 많은 일잘러 P

P는 알아주는 '일잘러'다. 그간 수행한 레퍼런스도 화려했고 최신 기술에 대한 이해도 남달라서 역량을 톡톡히 인정받고 있기도 하다. 그 역량 덕분에 자문이나 협업 요청도 자주 받는다고 들었다. 그날도 P는 협업 회의를 막 마치고 나온 듯했다. 카페 안쪽 등진 자리에 앉아 있던 탓에 나는 본의 아니게 그의 통화를 엿듣게 되었다. 가족 혹은 지인과 나누는 대화처럼 들렸다.

"아, 또 빌런 만났어. 왜 난 이렇게 사람 복이 없냐."

들어선 안 될 내용인 듯싶어 황급히 에어팟을 찾았지만 공교롭게도 사무실 자리에 두고 온 게 아닌가. 그렇다고 자리에서 일어나다 눈이라도 마주치면 피차 곤란해질 게 뻔했다.

"OO이라고 있는데, 와 진짜 답이 없어. 아는 게 없거든. 근데 계속 좀 더 구체적인 방법을 내놓으래. 자기도 좀 알고 요청해야 하는 거 아냐? 뭐 거저먹으려는 건가? 내가 자판기야? 어이가 없어서. PM이 그렇게 모르면 결국 내가 그 역할 뒤집어쓰는 거잖아. 망했네."

그의 이야기는 한 명으로 끝나지 않았다.

"△△도 웃겨. 오늘 중에 중간 보고서 내야 하는 건이 있었거든? 원래 어제 한 번 공유하기로 했었는데 너도 알잖아. 내가 요즘 엄청 바빴어. 그래서 오늘 최종본만 공유했는데 당황해하더라고. 같이 한번 보고 검토해야 하니 일정을 준수해달라나 뭐라나. 아니 그럼 처음부터 자기가 적극적으로 의견을 내든가.

★★은 어떤 줄 알아? 회의 끝나고 따로 부르더니 요즘 무슨 일 있냐는 거야. 무슨 소린가 해서 아무 일 없다고 했더니 회의할 때 너무 인상을 써서 걱정이 됐다네. 아니 내가 무슨 배우야? 일만 잘하면 됐지, 표정까지 신경 써야 해? 와, 진짜 이렇게 불필요한 곳에 에너지 쓰고 싶지 않다, 진짜."

두어 명을 더 언급하고 나서야 통화는 끝이 났다. 그는 꽤 많은 동료를 오피스 빌런으로 여기고 있는 듯했다. 특히 비난의 화살은 그에게 피드백한 동료들에게 집중됐다. 그가 그렇게 느끼는 데에는 분명 이유가 있겠지만, 지금 그가 내리는 판단은 정말로 자신을 위한 올바른 선택일까?

좋은 동료는 '만난다' 그리고 '만든다'

내가 사회 초년생이었을 무렵이니 벌써 10년도 훌쩍 지난 일이다. 당시 회사에서 공채로 사람을 뽑고 있었다. 담당자였던 한 선배가 했던 말이 인상적이었다.

"나는 이 조직에서 일하기를 꿈꿔왔던 사람보다 이곳이라면 내가 꿈꾸는 조직으로 같이 만들 수 있을 거라고 믿는 사람들과 일하고 싶어. 이미 완제품을 소비하는 게 아니라 나도 힘을 보태 같이 만들어가고 싶다고 생각하는 사람 말이야."

인간관계의 갈등은 어느 조직이든 큰 고민거리다. 외부 교육을 가면 심심찮게 받는 질문 중 하나가 '좋은 동료를 만나려면 어떻게 해야 하나요?'다. '좋은 팀원을 뽑으려면 어떻게 해야 하나요?'라는 질문은 더 흔하다. 뾰족한 답을 줄 수 있다면 참 좋겠지만 솔직히 그런 방법이 어디 있겠는가. 북쪽에서 귀인이 나타날 거라는 오늘의 운세에 기대고 있을 수도 없는데 말이다. 실망할 걸 알면서도 시치미 뚝 떼고 이 두 가지를 묻는다.

"당신은 좋은 동료 혹은 팀장인가요?"

여기서 쉽사리 '네'라고 말하는 이를 이제껏 보지 못했다. 그럼 이어 묻는다.

"당신은 좋은 동료 혹은 팀장이 되기 위해 어떤 노력을 하고 있나요?"

절반은 어영부영 말을 얼버무리고, 나머지 절반은 답을 내놓는다. 좋은 동료를 얻길 바라지만 정작 나도 그렇지 못하다. 갈리는 것은 여기서부터다. '내가 뭘 어쩌겠어' 하며 혀를 차고 멈춰 설 수도 있고, '내가 어찌할 수 있는 건 나니까 내가 해볼 수 있는 걸 해보자' 하며 한 걸음 내디딜 수도 있다. 당신은 어느 쪽에 더 가까운가?

아주 오래전 고스톱을 배울 때 '운칠기삼運七技三'이라는 말을 처음 알았다. 운이 칠 할이고 재주나 노력이 삼 할이라는 뜻으로, 사람의 일은 재주나 노력보다 운에 달려 있다는 것. 주로 내가 받아 든 패가 별 볼 일 없을 때 한숨을 쉬며 읊는 말이다. 16년쯤 직장 생활을 해보니 이 말은 틀렸다.

운칠기삼이 아니라 운구기일運九技一이다. 이 세상 거의 모든 것은 운에서 비롯된다. 그 예는 주변에 널려 있다. 삶의 궤적이 비슷했던 대학 동기 둘이 있다 치자. 졸업 후 전공을 살려 유사 업종에 취업한다. 3년 후, 5년 후 둘의 표정은 같지 않을 거다. 그 표정은 어떤 조직에서 어떤 리더와 동료를 만났는지가 만들 테니까. 여기까지만 들으면 참 삶이 허무하게 느껴지기도 한다. 어차피 달라질 게 없다면 노력해서 무엇하나, 결국 기가 막히게 운 좋은 놈만 승승장구할 텐데, 싶기도 하다. 그런데 말이다. 인생의 불공평함과 허무함에 거듭 고개를 끄덕이다가도 이 한 문장 앞에선 할 말이 없어진다.

"하지만 누군가는 그 운을 스스로 만든다."

앞서 던졌던 질문을 떠올려보자. "당신은 좋은 동료 혹은 팀장이 되기 위해 어떤 노력을 하고 있나요?"라고 물었을 때 절반이 여기에 답을 했는데, 그중에서 유독 인상 깊었던 몇 사람이 있었다.

팀원들과 대화가 어려웠던 팀장 A

"전 10년 차 팀장인데요. 회의 시간에 저만 들어가면 대화가 뚝 끊기더라구요. 처음엔 내 욕을 하나 싶어 언짢기도 했지만… 저희 팀원들이 다 비슷한 또래거든요. 저랑은 나이 차이가 많고요. 그래서 또래 관심사를 이야기하다가 제가 들어오면 괜히 눈치 보여서 대화를 멈추는 것도 같더라고요. 방법을 찾다가 요즘엔 주말에 가족들이랑 팝업 같은 곳에 자주 가요. 요즘 젊은이들이 팝업 다니는 게 유행이라고 해서요. 뭐 이런 것도 노력이라고 할 수 있는지 모르겠지만… 안 하는 것보단 나을 테니 그냥 합니다."

동료와 갈등이 깊었던 B

"작년에 한 동료와 갈등을 좀 겪었어요. 제가 일정 늦는 것을 못 견뎌 하는데, 그 동료는 회의도 협업도 늦는 게 일상이었어요. 점점 미움이 커지더라고요. 결국 감정이 쌓여 심리상담을 받기 시작했어요. 그때 상담사님이 싫어하는 것에 시선이 꽂히면 그것만 보이게 마련이어서 어쩌면 그 사람에겐 제가 못 보고 있는 장점이 있을 수도 있다는 조언을 해주셨어요. 그 친구의 '무엇'을 좋아할 수 있을지 찾아보리고 하더라고요. 그래서 속는 셈 치고 관찰을 해봤는데요. 몇 개 찾아냈어요. 예를 들어 그 친구는 회의 시간에 절대 상대의 말을 안 끊어요."

워커홀릭 팀장 탓에 퇴근이 눈치 보였던 C

"저희 팀장님이 완전 워커홀릭인데요. 진짜 주 4일 야근하세요. 저희도 눈치 보이고 팀장님도 지치시고…. 처음엔 왜 저렇게까지 해서 팀원들을 힘들게 하나 싶어서 팀원들이랑 같이 뒷담화 비슷한 것도 하고 그랬는데요. 1년 넘게 지켜보니까 이유가 있더라고요. 팀장님 위에 상무님은 주 5일 야근에 주말에도 나오시더라고요. 위에서 수시로 일을 툭툭 던지시니 그 양이 너무 많아서 야근하지 않을 도리가 없었던 거죠. 뭐, 팀장님이라고 야근하고 싶으셨겠어요? 그때부터는 출근하면 쓱 살펴봐요. 혹시라도 제가 도와드릴 게 좀 없을까 해서요. 정시에 퇴근하시면 저희도 좋으니까요."

교육 현장에서 만났기 때문에 지금은 이들이 어떻게 지내는지 알지 못한다. 다만 예측해보건대 A는 '뭘 좀 아시는' 팀장님이 되어 있을 것 같다. B는 자신과 결이 다른 동료를 만나도 제법 능숙하게 스트레스를 조절할 수 있게 되었을 것이며 C는 팀장님의 무한신뢰를 받고 있을 것 같다. 그렇다. 이들은 '좋은 동료'의 운을 타고나진 못했을지언정 자신의 노력으로 '좋은 동료'를 만들어가고 있었다.

앞에 언급한 세 사람 외에도 신기하게 주변을 자기편으로 만들었던, 다시 말해 좋은 동료를 만들어온 사람들을 꽤 여럿 보아왔다. 그들에겐 특징이 하나 있었다. 고전적인 표현으로 말하면 '역지사지'인데 이보다 훨씬 더 와닿는 표현을 찾았다.

"한발 물러나 상대의 이유를 찾는다."

A는 자신의 등장과 동시에 끊기는 대화를 오해하지 않고 팀원들의 문화를 이해할 방법을 찾으려 했다.

B는 마음에 들지 않는 태도를 지닌 동료와 바로 관계를 끊지 않고 그를 좋아할 만한 이유를 찾으려 했다.

C는 거듭 야근하며 눈치 보게 하는 팀장을 매도하는 대신 그의 정시 퇴근을 도울 방법을 찾으려 했다.

채치수는
꽤 숨 막히는 리더였다

이들의 이야기를 떠올리다 보니 우리 팀에서 있었던 일들이 뇌리를 스쳤다. 나는 지금 대학내일 인재성장팀에서 다섯 명의 팀원들과 일하고 있다. 얼핏 보기에 우리 팀은 상당히 즐겁게 일한다. 교육 현장을 세팅하고 해체하는 업무가 일상다반사이다 보니 고되다면 고되지만 모두가 달려들어 순식간에 일을 해치운다. 하루에 두세 건의 교육을 운영하다 보면 화장실에 갈 틈도 없을 만큼 바쁠 때가 많다. 그럼에도 표정이 어두워지는 일은 거의 없다. 회의 때마다 침묵하는 사람 없이 모두가 일을 '내 일'로 여긴다. 얼마 전 동료 팀장이 내게 고민을 털어놓으며 푸념 섞인 말을 했다.

"팀장님, 참 부럽습니다. 어떻게 그렇게 훌륭한 팀원들을 뽑으셨습니까. 비결 좀 알려주세요."

나는 재빠르게 인정했다. 운이 너무나도 좋았다고. 훌륭한 역량과 태도를 지닌 팀원들을 뽑을 수 있었던 것은 순전히 운이었다고 말했다. 하지만 운이 9였다면 속된 말로 '피똥 싸는 노력' 1도 필요했다. 2년 전 그 일이 그랬다. 내가 속한 조직에서는 매년 리더가 팀원들로부터 평가를 받는다. 어떤 점을 잘했고 어떤 점이 부족했는지 100여 개에 달하는 객관식 문항과 주관식에 답변을 적는다. 물론 익명이다.

그런데 누군지 모를 팀원 한 명이 내게 적나라한 피드백을 했다. '팀장님과 일하는 것이 숨 막힐 때가 있습니다.' 엑셀 시트 위에 적힌 그 한 줄에서 시선을 떼지 못했다. 머릿속이 하얘졌다. 그간 기울인 내 노력이 허탈하고 억울했다. 더 이상 아무것도 하고 싶지 않았다. 그 상태로 며칠을 지내다가 우울한 마음을 달래려 만화방에 갔다가 우연히 추억 속 만화 《슬램덩크》를 집어 들었다. 소연이를 좋아했던 강백호의 성장 스토리 정도로 기억했던 만화 속에서 난 뜻밖의 주인공을 만났다. 팀장이 되어 다시 읽어본 《슬램덩크》의 주인공은 강백호가 아니라 채치수였다. 강백호를 믿어준, 모두 제각각인 북산에서 기둥처럼 우직하게 팀을 받쳐준 주장으로만 기억되던 채치수. 그는 만화 초반부에서 완벽한 독불장군이었는데, 거기서 익숙한 대사 하나를 발견했다.

"너랑 농구하는 건 숨 막혀. 나에게 강요하지 마."

채치수가 1학년 시절, 그의 동료가 그에게 울며 건넨 말이었다. 이유는 명확했다. 채치수는 북산에서 우승하고 싶었고, 그의 동료는 그냥 취미로 농구를 즐기고 싶었다. 그래서 서로를 이해하지 못했다. 우승을 원하는 채치수 눈에 동료들은 게을렀고, 재미를 원하는 동료들에게 채치수는 숨 막히는 존재였다. 즐겁게 농구하고 싶은 마음을 짓밟는 건 폭력처럼 느껴졌을 테니 그도 그럴 법했다. "네가 숨 막혀"라는 말은 그래서 나왔다.

좌절한 채치수의 모습에서 당시 나의 처지가 겹쳐 보였고, 울먹이며 채치수를 원망하는 동료의 눈빛에서 내 팀원들의 힘겨움이 보였다. 우리 모두에겐 각자의 이유가 있었다. 그렇게 앉은 자리에서 《슬램덩크》 마지막 편까지 정주행했다. 만화방에서 나오니 날이 어두워진 지 오래였다. 터벅터벅 집까지 걸어가는데, 아마 난 웃고 있었던 것 같다. 세상과 단절되고 싶어 파고든 만화책에서 문제를 해결할 답을 찾았던 거다.

결국 채치수는 동료를 핑계 대지도, 농구를 포기하지도 않았다. 숨 막힌다며 모진 말을 내뱉은 동료의 속내를 파고들었다. 그 과정을 통해 사람마다 농구를 하는 이유도, 더 열심히 뛰게 되는 이유도 다르다는 사실을 받아들일 수 있었다. 그렇게 농구 초짜 강백호, 단점투성이 송태섭, 트러블 메이커 정대만, 이기주의자 서태웅과 함께 농구 코트를 뛰며 주장으로서 자신이 할 수 있는 '뭔가'를 찾아 헤맨다. 숏 초보 강백호에겐 그가 해낼 수 있는 리바운드 미션을 준다. 체력이 약한 정대만을 대신해 몸싸움을 자처하기도 한다. 그리고 마침내 승리를 거머쥔다. 이 장면은 그대로 사무실로 옮겨와도 통하는 이야기다. 농구장에서도, 사무실에서도 우린 어쩌면 그들과 비슷한 불만에 가득 차 있으니까.

"우리 팀엔 괜찮은 사람이 눈을 씻고 찾아봐도 없습니다."
"OO과는 진짜 안 맞아요. 그냥 무시해야죠 뭐, 어쩌겠어요."
"저한테 숨 막힌다고 하더라고요. 내버려 두게요. 얼마나 잘하는지."

하지만 누군가는 다르게 말한다.

"반드시 이유가, 혹은 방법이 있을 거야. 일단 내가 해볼 수 있는 건 뭐지?"

어떤가. 점점 운칠기삼이라는 핑계로 손 놓고 있을 수가 없어지지 않나.

그와 나는 바라보는
풍경이 다르다

이따금 나에게 인생 책이나 인생 문장을 물어보는 이들이 있다. 대답은 어렵지 않다. 그중에서도 빠지지 않는 게 웹툰 〈송곳〉에 나오는 문장이다.

"서는 곳이 달라지면 보이는 풍경도 달라진다."

나는 2025년 기준 16년 차 직장인이다. 그동안 함께 일한 이들이 적지 않다. 그들과의 관계에서 나는 자주 복장이 터졌다. 특히 선배나 리더들과의 사이에서 그런 감정에 자주 휩싸이곤 했다. 조급하고 속 좁은 내 성격도 한몫했지만, 다른 이유가 하나 더 있었다. 내가 그들의 삶을 경험해보지 않아서였다. 5년 전 팀장이 되어서야 그걸 알았다. 왜 그때 그 팀장님이 그렇게 보수적으로 판단했는지, 왜 그때 그 선배가 사소한 일로 트집을 잡았는지. 내가 감당해야 할 역할이 커지고 내가 알고 있는 정보가 많아지자 다른 판단을 하게 됐다. 〈송곳〉의 저 문장은 그 이야기를 하고 있었다.

너무 뻔해서 인용하기조차 망설여지는 대표적인 말 중 하나가 '역지사지'다. 상대방의 입장이 되어서 생각해봐야 한다는 것을 누가 모르나. 하지만 때론 이해관계가 충돌해서, 때론 깊이 들여다볼 시간적 여유가 없어서 그 과정이 생략된다.

또 하나, 상대의 역할을 제대로 이해하지 못할 때, 우리는 어느새 내 역할과 관점에만 매몰된다. 그 사실을 뼈저리게 느낀 건 몇 달 전, 우리 팀 회의 시간이었다.

마침 커뮤니케이션 교육을 설계하고 있던 터라 팀원들과 함께 영상을 봤다. 드라마 〈미생〉 중 후배 장백기가 선배 강 대리와 갈등을 빚는 장면이었다. 장백기는 똑똑하고 똑 부러진, 야심 가득한 신입사원이었고 강 대리는 그런 장백기의 사수였다. 장백기는 강 대리가 시킨 자료 조사 파일을 내민다. 강 대리는 일어선 채로 쓱 보더니 잘했다며, 또 다른 소소한 행정 처리를 지시한다. 이때 장백기는 발끈한다. 계약직 동료에게 파일을 던지듯 주며 자기 대신 처리하라고 말하더니 강 대리를 향해 소리친다. "이런 잡일 하려고 들어온 게 아닙니다. 저는 사업을 만들려고 들어왔습니다." 그 영상을 함께 본 건 장백기의 잘못된 태도에 관해 이야기하고 싶어서였다. 하지만 팀원들의 반응은 전혀 뜻밖이었다.

"전 강 대리가 잘못한 것 같은데요?"

이것이 비단 한 명의 의견이 아니었다. 그 자리에 있던 팀원 다섯 명이 이구동성으로 말했다 이유도 비슷했는데 듣는 나로선 도무지 그들을 이해하기 어려웠다.

팀원의 생각: "왜 저 일의 이유를 설명해주지 않죠?"
내 생각: (처리해야 할 일이 산더미인데 사소한 일 하나하나까지 이야기하라고?)

팀원의 생각: "왜 부하 직원 부리듯 하죠?"
내 생각: (부하… 맞지 않나? 강 대리는 일을 지시하는 상사잖아….)

팀원의 생각: "피드백 자체도 성의가 없어요. 한 1초 봤나? 너무 대충 본 거 아닌가요?"
내 생각: (딱 봐도 문제없다는 판단이 나올 정도의 연차라서 그런 거잖아!)

당황한 나는 급히 화제를 돌렸다. 회의를 마친 후 그 순간을 다시 떠올렸다. 곰곰이 생각해보니 강 대리도 잘한 게 없었다. 장백기처럼 일에 대한 자신감이 충만하고 야망 있는 후배라면 좀 더 그에 걸맞게 피드백했다면 더 좋았겠다 싶기도 했다. 무엇보다 16년 전 나라도 충분히 저런 생각을 할 법했다. 맞다. 그 시간을 나도 잊고 있었다.

이 글을 읽고 있는 고연차의 직책자들은 답답하게 느낄지도 모르겠다. 선배나 리더의 입장에서 생각해줄 순 없냐고 그 답답함을 토로하는 목소리가 들리는 것도 같다. 하지만 생각해보자. 사람이 이해할 수 있는 것은 내가 경험해본 딱 그 범위 아닌가. 아이를 낳아봐야 부모의 마음을 헤아리고, 밥을 굶어봐야 가난한 이들의 심정을 좀 더 알 수 있지 않나. 팀원들이 그런 불만을 토로한 건 이해심이 부족해서가 아니라 그 역할을 감당해보지 않아서다. 한마디로 팀장인 나는 저연차 때의 관점을 잊었고, 팀원들은 업무를 나누고 지시하는 처지가 되어보지 않아서 그 상황과 책임을 이해하지 못했다.

상대에겐 그만의 관점과 이유가 분명히 있다. 그걸 이해까지는 아니더라도 '염두에 두었을 때' 우리는 조금 다른 행동을 할 수 있다. 이번 장에서는 그 이야기를 해보려 한다. 한발 물러나 상대의 행동 뒤에 숨겨진 '이유'를 들여다보는 것.

지금부터 다섯 가지 방법을 소개할 텐데 앞선 장과 마찬가지로 각자의 상황을 시뮬레이션하며 읽어보길 바란다. 그리고 자신에게 맞는 방법을 하나라도 찾는다면 성공이다.

1. 일단 가르마 타기
2. 담백하게 일리 찾기
3. 엉뚱한 보물 찾기

4. 부탁으로 해석하기

5. 복수하려 들지 말기

> 수용력 키우기 1
> ## 일단 가르마 타기

"근데요, 피드백이 정확히 뭐죠?"

이 책을 처음 기획할 때 편집자의 질문은 뜻밖이었다.

"흔히 상사가 일에 대해 하는 코멘트를 피드백이라고 생각하는 것 같긴 한데…"

모두의 머릿속에 공통적으로 '피드백에 대한 그림'이 있어야 한다는 그의 의견은 일리가 있었다. 흔히 상사가 일에 대해 코멘트하는 것을 피드백으로 여겼는데, 그렇다고 피드백이 지시나 평가와 동의어라고는 생각하지 않는다. 평가, 지시, 피드백은 각각 무엇이 어떻게 다른 걸까? 사전적 정의를 기반으로 각색한 각각의 정의는 다음과 같다.

지시='내 말이 그대로 이행되게 하는 것' (사전적 정의: 일러서 시킴. 또는 그 내용)

평가='상대가 한 일이 잘되었는지 정도를 판단하는 것' (사전적 정의: 사물의 가치나 수준 따위를 평함. 또는 그 가치나 수준)

피드백='상대에게 결과를 알려주는 것' (사전적 정의: 진행된 행동이나 반응의 결과를 본인에게 알려주는 일)

피드백≠지시

앞서 소개한 넷플릭스의 피드백 원칙 중 네 번째인 '수용할지 말지를 정해라'는 바로 이 차이를 의미한다. 지시는 '그대로 따르도록 시키는 것'이지만 피드백은 결과에 대해 의견을 주는 것일 뿐이다. 그 의견을 받아들일지 말지는 내 선택이다. 우리는 많은 경우 이를 제대로 구분하지 않아 불필요한 에너지를 낭비한다. 물론 상대의 말이 '지시'일 때도 있다. 이미 의사결정이 되어 있거나 군대와 같은 특수상황에서는 한 치의 오차도 없이 이를 이행하는 것이 중요한 경우도 적지 않다. 상대가 하는 말이 '지시'라면 그대로 이행하는 게 맞다. 물론 그 책임은 지시의 발화자가 져야 한다.

피드백≠평가

가장 많은 이들이 혼란을 겪는 게 바로 이 지점이다. 피드백을 평가로 생각하는 것. 올해 초 한 기업에서 피드백 워크숍을 진행한 적이 있다. 워크숍의 목적은 간단했다. 피드백을 평가라고 생각하기 때문에, 하는 사람도 부담스러워하고 받는 사람도 크게 압박감을 느낀다는 것이다. 그래서 피드백을 삼가는 문화가 짙게 깔려 있다고 했다. 이것이 비단 그 회사만의 문제는 아니다. 앞서 말한 것처럼 삶의 매 순간이 평가로 이루어진 요즘 세대에겐 'OO님, 보고서 완성도가 부족한 것 같습니다'라는 상사의 피드백은 마치 영구 박제되는 중간고사 결과처럼 느껴질 수 있다. 과도한 스트레스는 그래서 생긴다. 하지만 피드백은 그 과정에 대한 제삼자의 의견을 전달하며 그 일을 더 잘되게 하는 데에 목적이 있다. 굳이 비유하자면 수능 성적표가 아니라 모의고사 오답노트에 가깝다.

복기해볼 차례다. 그때 상대가 내게 했던 말은 지시와 평가, 피드백 중 무엇에 가장 가까웠을까? 먼저 점검해봐야 할 부분은 이거다. 상대는 일을 성공시키기 위해 자신의 의견을 보태어 '피드백'을 준 것인데 나는 이를 '평가'로 오해한 것은 아닐까? 그로 인해 방어적으로 반응했던 것은 아닐까?

> 수용력 키우기 2
담백하게 일리 찾기

앞서 말한 것처럼 상대방이 원하는 바를 염두에 두고 반응하면 시니컬하던 상대가 내 편이 되는 드라마를 경험할 수도 있다. 하지만 말이 쉽다고, 부정적 감정에 사로잡혔을 때 그런 여유를 갖기란 참 어려운 일이다. 그때는 아예 반대로 그 의도를 완벽히 배제하는 것도 방법이 될 수 있다.

  강경화 전 장관이 예전에 국제기구에서 일하던 때의 에피소드를 들려준 적이 있었다. 그 조직에서 소수자인 동양인 여성으로서 마음고생이 심했다고 털어놓았다. 동료들의 피드백도 '어떤 의미로 한 말일까' 되새기며 수없이 곱씹었다. 그러다 보니 점점 자신의 목소리를 내는 것도 꺼려지고 움츠러들었는데, 어찌 보면 당연한 일이었다. 결국 그가 내린 결론은 '그냥 있는 그대로만 이해하자'였다. 상대가 어떤 감정과 의도로 이야기했는지를 배제한 채 딱 텍스트 그대로 받아들이기로 한 것이다. 그리고 그 선택은 국제기구에서 자신의 역할을 수행하는 데 실제로 큰 도움이 되었노라고 말했다. 한마디로 눈치 볼 시간을 아낀 건데, 생각보다 이런 경험은 우리 주변에서도 흔하다.

(에피소드 1) **체력 관리 피드백**

A의 피드백: "요즘 유난히 피곤해 보이는데요. 체력관리가 필요할 것 같아요."
B의 반응: "아 네….' (=지금 내가 내 역할을 못 하고 있다는 뜻이야?)

(에피소드 2) **넓은 소통 피드백**

A의 피드백: "본인의 생각만 고수할 게 아니라 주변 이야기도 널리 듣고 숙고할 필요가 있을 것 같아요."
B의 반응: "…." (= 평소에도 날 달가워하지 않는 것 같았어.)

열 길 물속은 알아도 한 길 사람 속은 모른다고, 상대방에겐 반드시 의도가 있다. 때론 그 의도를 파악하는 게 매우 유용한 정보가 되기도 한다. 하지만 그보다 많은 경우 그 의도는 섣부른 오해를 낳고, 일에 집중할 시간을 갉아먹는다. '왜 저런 말을 하는 거지?', '내가 모르는 뭔가가 있나?', 그사이 상대의 피드백은 오염되어 본디 목적에서 경로 이탈하기 십상이다.

상대의 의도를 읽어내는 탁월한 능력이 있지 않은 이상, 차라리 말 그대로의 텍스트만 읽는 편이 낫다는 것이 지금까지의 결론이다. 상대의 피드백에서 의도를 따지지 않을 수 있는 꽤 유용한 방법이 있다. 이 피드백을 다른 사람이 했다고 가정해보는 것. 예를 들어 당신은 지금 막 상사에게 다소 부정적인 피드백을 받았다. 평소 그리 깊은 신뢰가 형성된 사이는 아니었던지라 자꾸 '무슨 의도로 저런 말을 하는 건가?' 눈치를 보게 된다. 이때 머릿속에 한 사람을 떠올려보자. 그는 나와 꽤 신뢰가 쌓여 있고, 눈치 보지 않고 의견을 밝힐 수 있는 사람이다. 방금 들은 상사의 피드백을 그 사람이 말했다고 가정해보자. 어떠한가. 좀 더 심플해지지 않나.

그렇게 의도를 배제하다 보면 '일리'가 남는다. 그리고 거의 모든 경우 그 일리는 일에 도움이 된다. 나에게 상처 주려 하는 말이든, 본인의 숨겨진 목적을 달성하기 위해 하는 말이든 잠꼬대나 술 먹고 하는 헛소리가 아닌 다음에야 일리가 없는 의견은 없었다.

수용력 키우기 3
엉뚱한 보물 찾기

최근 '강점'에 관한 관심이 부쩍 높아졌다. '나답게 일하고 싶다'는 메시지를 담은 책이 서점에 쏟아지는 것도 그 흐름의 일환이다. 그만큼 단순히 조직의 성과를 잘 내는 것을 넘어 나만의 무기, 나만의 방법을 들여다보고자 하는 니즈^{needs}가 커지고 있다. 앞서 말한 것처럼 울타리가 없는 시대에 내가 나의 울타리가 되어야 한다는 생각이 반영된 현상이다. 나 역시 강점에 관심이 많은 사람으로서 무척 반가운 흐름이지만 한편으론 그 부작용이 염려되는 것도 사실이다. '나'에게 너무 몰입하다 보면 자칫 '나와 다른 사람'을 배척할 수도 있기 때문이다. 한번 예를 들어보자.

논리적인 A와 창의적인 B

A는 논리를 세우고 구조화하는 데에 탁월하다. 일의 효율을 중시해서 프로세스 설계에도 능하다. 그것이 자신의 강점이란 것도 정확히 인식하고 있다. 한편 B는 아이디어가 풍부하다. 평소 다양한 콘텐츠를 학습하며 트렌드 감각도 남다르다. 프로젝트 킥오프 회의 날, A는 아이디어를 개진하는 B에게 이렇게 피드백한다.

"이렇게 아이디어만 나열하는 건 너무 비효율적인 것 같습니다."

B는 이렇게 반응한다.

"그렇게 쫓기듯 회의하면 창의적인 아이디어가 안 나올 것 같은데요."

불편한 피드백은 대개 서로 다른 방식으로 성과를 내는 사람에게서 나온다. A는 효율을, B는 창의성을 중시했기에 서로에게 그 점을 지적한 것이다.

문제는 서로 중요하게 여기는 포인트가 다르다 보니 상대의 피드백을 '그게 중요한가?' 하고 쉽게 흘려버리게 된다는 점에 있다. 나의 강점에 집중하는 요즘의 흐름은 필연적으로 이런 부작용을 낳는다.

하나의 예측을 덧붙이자면, 앞으로 '나답게' 일하는 방식이 주목받을수록 '너답게' 일하는 동료를 존중하고 수용할 줄 아는 사람이 진정한 인정과 신뢰를 얻을 것이다. 세상 그 누구도 모든 역량에서 탁월할 수는 없다. 그래서 핵개인의 시대에도 팀은 사라지지 않을 것이다. 늘 잘할 수 있는 사람도, 모든 것을 잘할 수 있는 사람도 없기 때문이다. 따라서 '나답게' 일하는 것만큼이나 '나와 다르게 일하는 동료'와의 협업은 필수 불가결이다.

A는 논리적으로는 탁월했지만 창의적이지 않았고, B는 그 반대였다. 서로의 피드백에 날이 서기도 했지만, 서로를 얼마

나 수용하느냐에 따라 최고의 팀이 될 수도 있었다. 나영석 PD 역시 같은 말을 했다.

"당신에게 필요한 동료를 찾으세요. 열정이 넘치고 직관이 있다면, 그걸 현실화해줄 동료를 찾으세요. 아이디어는 없지만 현실의 장벽을 뚫고 갈 용기가 있는 사람이라면, 직관과 감성을 가진 동료를 만나세요. 그러면 우리 모두 성공할 수 있어요. 많은 분이 스펙을 말해요. '나에게 이게 부족한데 부지런히 채워야지.' 그런 생각을 가지고 있으면 평생 공부해야 해요. 그걸 언제 다 채워요? 못 채워요. 중요한 건 내 자질이 무엇인지 내 열정의 원천을 파악하는 거예요.

장점을 알았다면 단점을 아는 것. 그리고 단점을 보완해줄 훌륭한 동료를 찾는 것. 그게 중요해요. 열정이 있다면 열정과 꿈을 현실로 만들 수 있는 동료를 찾으세요. 그게 성공할 수 있는 가장 빠른 길입니다."

명심하자. 나와 전혀 다른 동료의 낯설고 불편한 피드백에는 보물이 숨겨져 있을지도 모른다는 것을.

> 수용력 키우기 4

부탁으로 해석하기

삶에 큰 영향을 준 영상이 몇 개 있는데 그중 하나가 리플러스 인간연구소 박재연 소장의 강연이다. 사람 사이의 관계를 풀어가던 그의 말 가운데 지금도 잊히지 않는 한 문장이 있다. 이 짧은 문장은 내게 큰 전환점을 주었다.

"인간의 모든 불만은, 사실은 부탁입니다."

비폭력대화법의 주요 이론인데 당시 사람 관계에 고민이 적지 않았던 터라 더 빠르게 흡수된 문장이었다. 워낙 인상적이어서 바로 실제 상황에 적용해보기 시작했다. 예를 들어 이런 해석이 가능했다.

> 에피소드 1 **가족**

불만: "뭐야? 또 술 마셨어? 내가 못 살아 진짜. 왜 그렇게 대책이 없어?"
부탁: "그렇게 건강 해치면 일찍 죽을까 봐 겁나. 오래 행복하게 살자 우리…."

에피소드 2 친구

불만: "너 왜 자꾸 카톡 씹어? 기분 좀 그래."
부탁: "나 오늘 힘든 일이 있어서 너랑 이야기하고 싶었어. 내 이야기 좀 들어주라."

에피소드 3 동료

불만: "또 마감이 늦어졌네요? …이런 일이 너무 잦잖아요."
부탁: "일정에 쫓기면 완성도가 낮아지는 게 걱정돼요. 최고의 아웃풋을 내고 싶어요."

당신에게 불편한 피드백을 한 그 사람은 사실 어떤 부탁을 하고 싶었던 걸까?

수용력 키우기 5
복수하려 들지 말기

머릿속에 그림을 하나 그려보자. 한 5미터쯤 떨어진 곳에 상대가 있다. 그의 손에는 쓰레기 한 뭉텅이가 들려 있다. 그걸 지금 당신에게 던질 참이다. 이처럼 우리는 종종 그야말로 쓰레기 같은 피드백을 접한다. 무례하고 편파적이며 핵심에서도

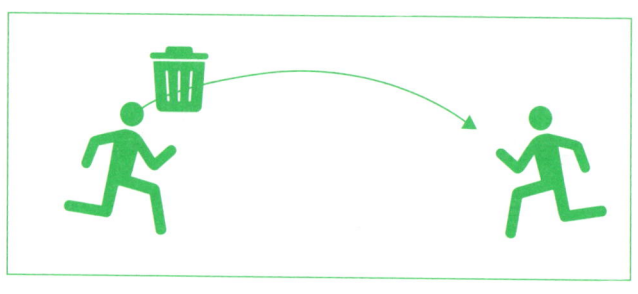

벗어난, 다분히 감정적인 그런 피드백 말이다. 실제로 피드백 관련 교육을 하면서 들었던 몇몇 사례는 참담한 수준이었다.

"이런 걸 보고서라고 만들어왔어요? 숫자 다 틀렸잖아요. 이 회사에 어떻게 들어왔지?"
"OO 씨처럼 디테일 없는 사람이 잘되는 꼴을 못 봤어."
"…업무 속도가 너무 느려요. 옆 팀 OO 씨는 빠르게 일 처리 하는 거 못 봤어요?"
"이런 사소한 것까지 제가 챙겨야 해요? 몇 년 차인데 이거 하나도 못 하죠?"

힐난에 가까운 피드백 경험이 쌓이면서 우리 머릿속에 '피드백=기분 나쁜 소리'라는 프레임이 만들어진 것도 사실이다. (물론 우리가 그런 피드백을 '하고' 있을 가능성도 농후하다.)

다시 아까 그림으로 돌아가 보자. 상대방이 쓰레기를 던졌다. 당신은 그걸 받을 수도 있고 받지 않을 수도 있다. 당신은 어떤 선택을 할까? 아마 대부분 받지 않는다고 답했을 것 같다.

피드백도 그렇다. 앞서 다양한 방식으로 수용도를 높이자고 말했지만 사실 쓰레기 뭉텅이처럼 받지 말아야 할 피드백도 분명 존재한다. (이 부분은 다음 장에서 조금 더 자세하게 이야기해보자.)

하지만 여기서 이야기하고자 하는 것은 좀 더 큰 그림이다. 상대와 나를 한 발 떨어진 제삼자의 시선으로 바라보자. 이 상황에서 가장 큰 손해는 누구일까? 쓰레기 뭉텅이를 동료에게 던지고 있는, 손에 이미 더러운 것을 묻히고 있는 상대다. 상대의 피드백이 무례하고 부당해도 사실 나는 손해 보지 않는다. 받지 않고, 내 마음만 다치지 않는다면 말이다. 손해는 어디까지나 상대의 몫이다.

일하면서 흥미로웠던 점은 특정 행동에 대해 사람들은 얼추 비슷한 느낌을 받는다는 것이었다. 무례하고 부당한, 쓰레기 뭉텅이 같은 피드백을 하는 이를 보았을 때 대개 비슷한 생각을 한다. '저 사람 참 무례하군', '저 사람이랑 같이 일한다면 힘들겠어', '태도가 영…'. 그게 그 사람의 브랜드다.

피드백을 받은 경험이 트라우마로 남는 경우 중 하나는 '나는 이렇게 상처받고 힘든데, 상대방은 마치 아무 일 없다는 듯 승승장구하는 것처럼 보일 때'다. 억울하지 않나. 실제로 무례하고 부당하게, 공격적으로 사람을 할퀴는 이들이 조직에서 인정받고 큰 목소리 내는 경우는 비일비재하다. 그걸 보며 조직에 대한 애정이 식는 일도 다반사다. 하지만 굳이 내가 그를 비난하거나 어깃장을 놓을 필요는 없다. 그런 사람은 단기적으론 성과를 낼 수 있지만, 결국 '내 편'을 잃고 고립될 수밖에 없다. 그러다 그도 누군가의 피드백에 속수무책으로 무너진다. 한마디로 내 복수는 남이 해준다.

(시뮬레이션)

상대가 원하는 것은 무엇일까?

나의 대응을 준비해보자.

최악의 피드백을 받은 상황을 적어보자. 딱히 생각나지 않는다면 가장 두렵고 걱정되는 상황을 가정해도 좋다.

_____

_____

① 일단 가르마 타기

유난히 힘들었던 피드백을 꺼내보고 지시와 평가, 피드백 중 어디에 속하는지 가르마를 타본다.

윤경의 시뮬레이션

상황: 진행 중인 프로젝트의 중간 결과를 관련자들에게 송부했다. '이 프로젝트의 목적이 뭔지 모르겠음'이라는 피드백을 받았다.

가르마: 평가

이유: 당시엔 피드백이라고 생각했지만 곱씹어보니 평가였다. 맥락상 일이 잘되도록 개선할 점을 짚어준 것이 아니라 평가자로서 점수를 매기는 것에 가까웠기 때문이다.

나의 시뮬레이션

상황:
_____
가르마:
_____
이유:
_____
_____

② 담백하게 '일리' 찾기

①에서 든 예시에서 의도와 감정을 배제해보자. 남는 일리는 무엇일까?

윤경의 시뮬레이션

'이 프로젝트의 목적이 뭔지 모르겠음'이라는 말에서 '평가 절하하려는 의도'를 느꼈다. 그럼에도 그 의도를 배제했을 때 '이 프로그램을 운영함으로써 해결하고자 하는 문제가 무엇인지 명료하게 정리해서 이해당사자들과 공유할 필요가 있디는 짐'은 상당히 일리가 있었다.

의도	일리
평가 절하	해결하고자 하는 문제의 명료한 정리와 공유가 필요하다

나의 시뮬레이션

_____
_____
_____

③ **엉뚱한 보물 찾기**

업무를 함께하는 동료나 팀원 중에서 '이 사람은 정말 나와 관점이 달라' 하는 사람을 한 명 꼽고, 나에게는 없지만 그에게는 있는 강점을 생각해보자. (그것이 우리가 찾고자 하는 보물일 가능성이 크다.)

윤경의 시뮬레이션

나와 다른 관점을 가진 동료: 동료 M

나에겐 없는 그의 강점: 풍부한 관점, 해박한 지식, 시간을 아끼지 않는 진심

나의 시뮬레이션

나와 다른 관점을 가진 동료:

나에겐 없는 그의 강점:

④ 부탁으로 해석하기

①에서 예로 든 피드백을 간절한 부탁으로 해석해보자.

윤경의 시뮬레이션

피드백: '목적이 뭔지 모르겠음.'

부탁으로 해석: '조직의 이익에 명확하게 부합하는 목표에 집중해줬으면 좋겠어.'

나의 시뮬레이션

피드백:

부탁으로 해석:

지금까지 한발 물러서 상대의 이유를 찾으려 해보고, 평가인지 피드백인지 가르마도 타보고, 의도를 배제하며 일리를 찾아보기도 했다. 나와 다른 상대의 피드백에서 엉뚱한 보물을 찾아보기도 했고 짜증 섞인 불만을 부탁으로 해석해보는 시간도 가졌다. 상대가 쓰레기를 던지면 결국 상대의 손해이니 복수하기 위해 이를 부득부득 갈 필요가 없다는 이야기도 방금 마쳤다.

하지만 스스로를 지키기 위해 가드를 올려야 하는 피드백도 분명히 있다. 이제는 '받지 말아야 할 쓰레기'에 대해 이야기할 차례다.

3단계 수비력

가짜 피드백에는 가드를 올려야 한다

케이스 3
습관적 자책러 Y

Y는 성실과 책임의 아이콘이다. 한 번도 그가 약속된 시간을 어기거나 업무를 놓치는 것을 본 적이 없다. 게다가 착했다. 궂은일에 항상 손들고 나섰고 동료의 일을 거들겠다고 나서는 모습에 모두가 긍정적인 자극을 받곤 했다. 그런 그에게도 문제는 있었으니, 곧잘 슬럼프에 빠진다는 점이다. 대개 그러하듯 슬럼프는 예기치 못한 문제에 봉착했을 때 빠지는데 좀 특이한 점이 있다면 Y는 늘 자신에게서 이유를 찾으려 했다. 쉽게 말해 남 탓을 할 줄 몰랐다. 그러다 보니 자책의 늪에 빠져 좀처럼 헤어 나오지 못하곤 했다. Y의 그런 성향이 걱정됐던 리더는 계속 대화를 시도했고 이전 직장에서 있었던 일을 들을 수 있었다.

전 직장에서 Y가 담당하던 프로젝트에 문제가 생겼다. 고객사 담당자가 준 피드백이 문제였다. 마치 마녀사냥을 하듯 Y를 몰아붙였다고 했다. 누가 봐도 문제 해결을 위한 게 아니라 책임을 전가하고 공격하기 위한 피드백이었다. 작정하고 쏘아붙이는 동안 Y는 점점 궁지에 몰렸다.

"세상 사람들에게 다 물어봐요. 우리 팀 OO도, 협업한 OO도 Y의 업무에 심각한 문제가 있다고 말해요. 이거 어떻게 하실 거예요? 어떻게 책임지실 건데요?"

결국 Y는 그 일에 책임을 지고 퇴사를 결정했다. 몇 달간 정신과 치료도 받고 약도 먹으며 방에서 나오지 않다가 이대로는 안 되겠다 싶어서 재취업한 곳이 지금의 팀이었다. 방식도 목표도 잘못된 피드백이었기에 리더는 Y에게 위로를 건네려 했지만 Y는 여전히 그 책임이 자신에게 있다고 느꼈다.

"제가 잘못했죠. 제가 부족해서 폐를 끼쳐드렸어요…."

앞서 말한 것처럼 아픈 피드백을 무조건 가스라이팅으로 단정 짓고 귀를 닫아버리는 것은 결국 나 자신에게 도움이 되지 않는다. 하지만 반대로 가스라이팅을 피드백으로 착각하고 계속 곱씹는 것도 그 이상으로 해롭다. 일리가 전혀 없는 피드백은 드물지만 가짜 피드백은 분명 존재한다. 그 둘을 구분하는 기준이 내게 명확히 서 있지 않다면 나는 나를 지킬 수도, 더 나아질 수도 없다.

가짜 피드백에는 가드를 올려야 한다.

나를 지키는
기준이 필요하다

일하면서 귀인을 여럿 만났다. 큰 복이라고 생각한다. 흥미롭게도 많은 경우 그 귀인은 위기의 순간에 나타났다. 그때도 그랬다. 팀에서 새롭게 시작한 프로젝트가 있었다. 전에 없던 영역이라 다양한 피드백을 받았다. 대개 큰 도움이 되었지만 몇몇은 그렇지 못했다. 어떤 피드백 앞에선 허허벌판에서 속수무책 공격받는 기분이었다. 그때 한 선배가 조용히 나를 불러 노트에 두 글자를 써주었다.

"의연 毅然"
굳셀 의, 분명할 연.
의지가 굳세어서 끄떡없다.

"휘둘리지 말란 뜻이야. 우리 의연해지자."

직감은 인간의 빅데이터라고 생각한다. '이거 좀 그런데…' 싶은 직감은 대개 적중한다. 그동안 축적된 언어적·비언어적 경험에 기반한 판단이기에 그렇다. 하지만 우린 '이건 좀 그래…'가 아니라 '이건 이래서 이래'라고 말할 수 있어야 한다. 나만의 기준이 없을 때 사람은 흔들리고, 그래서 좀처럼 행복해지기 어렵지 않나.

피드백을 수용할 때도 마찬가지다. 나만의 기준이 있어야 무례하고 부당한 피드백 앞에서도 의연하게, 후회 없는 대응을 할 수 있다. 믿음, 소망, 사랑 중 제일은 사랑이라 하지만, 모든 진상을 사랑할 필요는 없다. 특히 다음과 같은 경우인지를 살펴봐야 한다.

1. 화살의 끝이 '일'이 아닌 '사람'을 향해 있는가
2. 목표 자체가 다른가
3. 전혀 안전하지 못하다고 느끼는가
4. '카더라'에 근거했는가

위 네 가지 상황에 해당한다면 그 피드백은 수용할 것이 아니라 가드를 올려야 한다. 상처 주는 말과 진심 어린 조언을 제대로 가려낼 줄 알아야 한다.

> 수비력 키우기 1

화살의 끝이 '일'이 아닌 '사람'을 향해 있는가

tvN의 〈유퀴즈〉가 훌륭한 콘텐츠라고 생각하는 까닭은 삶에 대한 다양한 인사이트를 얻을 수 있어서다. 그리고 놀랍게도, 그중 많은 통찰이 MC 유재석의 스치듯 지나가는 말 한마디에서 비롯되곤 한다. 이 말도 그랬다.

"나에 대해 큰 애정이 없는 사람들이 이러쿵저러쿵하는 얘기에 너무 흔들리지 않으셨으면 좋겠어요."

유재석은 전 국민이 다 아는 것처럼 귀가 열려 있는 사람이다. 함부로 사람을 판단하지도, 벽을 치며 방어하지도 않는다. 그게 그의 매력이다. 하지만 그런 그도 말한다. 내게 애정 없는 사람의 말에는 흔들리지 말라고. 그걸 여실히 느끼게 되는 공간이 댓글창이다. 한번은 내가 구독하고 있는 유튜브 콘텐츠의 댓글창에서 구독자 간에 갑론을박이 있었다. 누군가 유튜버의 콘텐츠 내용에 대해 비아냥대는 피드백을 남겼다. 내가 보기에 애정 섞인 피드백은 분명 아니었다. 그냥 자신의 불호를 무례하게 표현한 수준이었다. 이에 다른 구독자가 그 점을 지적하자, 원 댓글자는 이렇게 반박했다.

"이렇게 피드백을 받아들이지 않으면 어떻게 살아남으려고 그러시나?"

이 몇 줄의 대화에서 나름의 기준을 찾았다. 피드백하는 사람의 '애정' 말이다. 여러 차례 이야기한 바와 같이 피드백의 목표는 상대의 성장을 돕기 위해, 그래서 일을 더 잘 해내기 위한 것이다. 하지만 그 화살이 일이 아닌 사람을 향해 있는 경우를 종종 발견한다. 유튜버가 자기 마음에 들지 않는 구독자의 댓글이 그렇지 않나. 사무실에서도 마찬가지다. 피드백의 목적이 상대를 단순히 흠집 내기 위해서라면 그건 인터넷의 비방 댓글과 다를 바가 없다. 그런 악플까지 감내하라고 하는 것은 너무 가혹하다.

애정이 있는지 없는지는 댓글에서도, 사무실 대화에서도 본능적으로 느껴진다. 사람의 직감은 빅데이터에 기반한다. 비언어적인 뉘앙스, 표정과 말투, 눈빛에서 상대가 내게 품고 있는 애정의 정도는 자연스럽게 전해진다. 그러니 이상하게 공격받는 느낌이 든다면 그 애정의 정도기 낮거나 아예 없을 가능성이 크지 않을까.

애정을 가진 이들의 피드백은 분명 다르다. 한 동료와의 대화에서도 그걸 느꼈다. 우리는 한 팀원이 반복해서 저지르는 실수에 대해 이야기하고 있었다. 잠시 이해를 돕기 위해 다음의 빈칸을 채워보자.

실수가 반복되면 _____ 이다.

대부분 빈칸에 '실력'이라고 적었을 것이다. '반복되는 실수는 곧 실력이다'라는 인식이 우리 사회에 깊이 자리 잡고 있으니까. 하지만 그는 전혀 다른 단어로 빈칸을 채웠다.

실수가 반복되면 <u>구조의 문제</u> 다.

실수가 반복되는 건 개인의 역량 문제가 아니라 맡겨진 일의 프로세스와 상황에 따른 결과일 수도 있다는 거다. 이 사람이 디테일 부족으로 자꾸 오타를 내는 게 아니라, 팀 결원으로 인해 맡은 업무량이 너무 많다거나 애초에 자신의 특기나 역량과 맞지 않는 업무를 맡으면서 생긴 실수라는 해석이다. 실제로 그는 언제나 '문제' 자체에 초점을 맞춰 피드백을 주었다. 동시에 그 말 속에는 단순한 비판이 아닌 상대에 대한 애정이 바탕에 깔려 있었다.

그 말을 곱씹으며 저마다의 '사고 회로'가 다르다는 것을 깨달았다. 같은 상황이라도 사람마다 각기 다른 관점과 사고 흐름으로 생각하게 마련인데, 그 차이가 가장 선명하게 드러나는 순간은 예상치 못한 문제에 직면했을 때다. 예를 들어 호프집 아르바이트생이 테이블을 치우다가 그릇을 깨뜨렸다고 가정해보자. 그 순간 아르바이트생은 어떤 생각을 할까.

1. '손님이 그릇을 막 쌓아놔서 그렇잖아. 그냥 내버려 두지, 굳이 손댈 필요 없는데.'
2. '내가 너무 급하게 서둘러서 이렇게 됐네. 침착하게 할 걸…'
3. '한 명이 홀 전체를 담당하는 시스템 자체에 문제가 있어.'

지인들에게 물어보니 흥미롭게도 각기 다른 답을 했다. 이건 호프집이 아니라 우리 사무실 풍경에 대입해봐도 마찬가지다. 누군가는 이유를 '자신'에게서 찾고, 어떤 이는 '구조와 환경'을 떠올린다. 또 다른 누군가는 습관처럼 '남'에게서 그 원인을 찾는다. 그리고 남 탓에서 비롯된 시선은 퐁퐁, 탓하는 피드백으로 이어진다.

잠시 피드백의 근본적인 목적에 대해 생각해보자. 피드백은 왜 할까? 일이 되게 하려고? 업무의 수준을 높이기 위해서? 모두 맞는 말이지만 내가 이제껏 찾은 가장 명료한 목적은 '문제 해결'이다. 문제가 없다면 굳이 말을 보탤 이유가 없다. 개선되어야 할 문제가 있을 때, 이를 해결하기 위한 수단으로 개진하는 의견이 바로 피드백이다.

하지만 날카로운 화살의 끝이 문제 자체가 아닌 사람을 향하는 순간, 문제 해결과는 거리가 멀어질 수밖에 없다. 이론으로 이해하는 것보다 실제 상황에 적용해보는 게 훨씬 빠를 것이다. 예를 들어 이런 상황이다.

보안 문제가 발생해 소집된 회의

A의 피드백: "방금 보안 문제가 생겼다고 연락을 받았습니다. B, 제대로 확인 안 했나요? 평소에도 그렇게 대충대충 하더니 이렇게 사고를 칩니까? 이거 어떻게 할 거예요?"

B의 반응: _____

B에게 감정을 이입해보자. 어떤 감정이 들까? 얼핏 떠오르는 건 '두려움'이다. 모두가 있는 자리에서 공개적으로 질타를

받았으니 '수치심'도 들 법하다. 책임을 추궁받았으니 '막막함'도 느낄 것이다. 두려움과 수치심, 막막함. 이 감정은 어떤 결과를 불러일으킬까?

다시 짚어보자. 피드백의 목적은 '문제 해결'이라고 했다. B가 느낀 두려움은 이 문제 해결에 전혀 도움이 되지 않는다. 많은 경우 책임을 회피하거나 자기방어를 위해 다시 누군가를 탓하게 된다. "그건 C가 맡고 있던 일인데 제가 급하게 투입되는 바람에…", "그때 팀장님이 그렇게 하라고 하셨던 거잖아요…". 즉, 문제 해결을 위한 솔루션을 찾는 데 써야 할 에너지가 엉뚱한 곳에 쓰인다는 뜻이다. 피드백의 끝이 '사람'이 아닌 '일'을 향해야 하는 이유다.

문제는 또 하나 있다. 간혹 습관적으로 상대를 깎아내리는 피드백을 하는 이들이 있다. 이들의 피드백이 유효하지 않은 이유는, 그것이 상대방의 방어기제를 유발하기 때문이기도 하지만, 애초에 그 목적이 '문제 해결'에 있지 않다는 데에 있다. 문제 해결이 아닌, 자신의 우월감을 입증하고 상대를 깎아내리기 위한 수단으로 피드백하는 경우를 적지 않게 보아왔다. 엄밀히 말해 이건 피드백이 아닌 인신공격이다. (인신공격의 사전적 정의는 '발화자의 말' 자체가 이니라, 말을 하는 '발화자'를 매도하는 비형식적 논리의 오류다.) 우리가 피해야 할 대표적인 쓰레기다.

 이를 막기 위한 유용한 장치가 있다. 피드백 문화가 활성화된 한 기업에서 쓰는 방법인데 피드백 회의를 할 때 반드시 눈에 보이는 '결과물'을 준비한다. 되도록 프린트해서 회의실 테이블에 올려놓는다. 지금부터 우리는 사람이 아닌 '일의 결과'를 가지고 이야기한다는 무언의 가이드라인이다. 앞서 소개한 보안 문제 회의라고 하면 발생한 문제를 인쇄하거나 화면에 띄워놓고 시작한다. 그래서 날카로운 의견의 끝이 사람이 아닌 문제를 향할 수 있게, 문제를 해결하는 데 모든 에너지를 집중할 수 있게끔 말이다. 도마에 올려야 할 것은 '문제'이지 '사람'이 아니다.

수비력 키우기 2
목표 자체가 다른가

일을 잘한다는 것은 그 일의 목표를 명확히 인지하고 있다는 뜻이기도 하다. 그리고 최고의 팀은 모든 팀원이 하나의 목표를 지향한다. 반면에 팀원들이 각자 다른 목표로 움직인다면 충돌은 반드시 일어난다.

사각지대의 업무 분장 관련 팀장 간 갈등

갈등은 팀 내에만 있지 않다. 팀장급 교육에 가보면 생각보다 자주 나오는 고민이 '다른 팀 리더와의 협업과 R&R$^{\text{Role \& Responsibility}}$'이다. A 팀장은 업무를 맡는 과정에서 B 팀장의 날 선 피드백을 받게 된다.

A 팀장의 의견: "지금 OO 업무가 사각지대에 있는 것 같습니다. 산업환경의 변화로 새로 생긴 영역이라 담당 팀이 없는 상황인데요. 해당 민원이 처리되지 않고 있어서 고객 항의가 상당합니다. 저희 팀에서 맡아보면 어떨까 싶습니다."

B 팀장의 피드백: "그걸 왜 A팀에서 합니까? 전문성이 있기나 해요?"

앞서 배운 내용을 토대로 일단 의도를 배제해봐야 한다. B 팀장의 어투나 평소 관계를 배제했을 때 '전문성에 대한 의문'은 고민해봄 직하다. 하지만 또 하나가 있다. 지금 B는 A와 같은 목표를 공유하고 있는 것일까? A의 목표는 '쌓이고 있는 민원으로 인한 시급한 고객 불만 해소'다. B는 어떠한가? 그의 목표는 달라 보인다. 최소한 '시급한 고객 불만 해소'는 아닌 듯하다. 그랬다면 대책을 함께 제시했을 테니까. 이게 바로 목표가 다른 이의 피드백이 가지고 있는 맹점이다. 최악의 시나리오는 B의 피드백을 들은 A가 위축되고 자책하는 상황이다.

'내가 너무 나댔나? 엄밀히 우리 팀의 일도 아닌데.'

전 세계 모든 조직이 일관되게 '주인의식'을 바란다. 하지만 이런 식의 피드백이 수용되고 쌓이다 보면 주인의식은 요원해진다. 열정 넘치던 신입사원은 시간이 지나면서 '내 일이나 하지 뭐…'라며 점점 1인분만 하려는 태도로 바뀌곤 한다. 당연히 조직에도 팀원에게도 좋을 리 없다. 그래서 기준이 필요하다. 만약 A에게 그 기준이 명확했다면 이렇게 대응할 수 있었을 것이다.

"저희 팀 목적은 고객 만족에 있습니다. 이제까지 수행해온 일도 아니고, 전문성도 고도화되었다고 하긴 어렵지만 일단 할 수 있는 역할을 해보려 합니다."

묻고 싶다. 당신이 머릿속에 떠올린 상황에서는 상대가 당신과 같은 목표를 공유하고 있는가?

수비력 키우기 3

전혀 안전하지 못하다고 느끼는가

여기 사진 두 장이 있다고 상상해보자. 미국과 한국의 대학 강의실을 비교한 사진인데, 첫 번째 사진에선 열에 아홉이 손들고 발언할 기회를 얻으려 한다. 두 번째 사진에선 '나에게 질문을 시키면 어떻게 하지?' 눈치 보며 모두 침묵 중이다. 어느 쪽이 한국일까? 맞다. 두 번째 사진이다. 태어났을 때부터 그런 건 아니었다. 아직도 한국의 어린이집에서는 병아리 같은 아이들이 한마디라도 더 해보겠다며 너도나도 손을 든다. 무엇이 이 아이들을 침묵하게 만든 것일까?

핵심은 '심리적 안전감 psychological safety'이다. 이건 하버드 경영대학원 종신교수 에이미 에드먼드슨이 《두려움 없는 조직》에서 이야기한 후로 조직문화에서 크게 주목받는 개념이다. 쉽게 말해 이런 느낌이다.

"이곳에선 말해도 괜찮아!"

업무와 관련해 어떤 의견을 내더라도 불이익을 받지 않을 거라는 믿음이다.

1. 의견이 틀렸다고 질타받을까 봐 두려워하지 않는다.
2. 상사의 의견에 반대하면 미운털 박힐까 봐 걱정하지 않는다.
3. 문제를 발견했을 때 '딴지 거는 사람'이 될까 봐 염려하지 않고 의견을 낼 수 있다.

이런 분위기를 만드는 핵심은 바로 '피드백'이다. 열심히 손을 들던 어린아이들이 점점 손을 내리게 되는 상황을 떠올려 보자. 아마 이런 경험이 누적되지 않았을까?

중·고등학교에서

의견: "선생님, 이 지문 이렇게도 해석할 수 있지 않을까요?"
피드백: "아니. 뭘 그렇게까지 해? 그냥 교과서에 나온 대로 외워. 시험도 그렇게 낼 거야."

대학교에서

의견: "교수님, 저 질문이 있는데요. 이 개념이 좀 이해가 안 되어서요."
피드백: "그거 교재에 다 나와 있어요. 꼼꼼히 안 봤나 보네요."

회사에서

의견: "팀장님, 전 조금 다른 아이디어가 있는데요."
피드백: "딱 봐도 현실성이 전혀 없어요. 그냥 이걸로 하겠습니다."

 이런 익숙한 상황 속에는 공통점이 하나 있다. 피드백하는 사람이 '평가자'이자 '지시자'로서만 존재한다는 점이다. 서로 다른 의견이 보태져 하나로 모이기보다는, 이미 정해진 답이 있고, 그 답을 기준으로 평가하거나 지시가 내려진다 이 과정이 반복되면 누구나 자신을 검열하게 된다. '이 말을 해도 괜찮을까? 팀장님은 다르게 생각하는 것 같은데… 괜히 꺼냈다가 면박 받을 텐데…'. 여기서 태동한 것이 바로 '가만히 병'이다. 가만히 있으면 중간은 하니까, 모난 돌이 정 맞으니까, 어렸을 땐 그렇게 열심히 들던 손을 더 이상 들지 않게 된다. 안전하지 않으니까.

 진짜 피드백은 열려 있다. 상대를 미리 규정짓거나 단정하지 않고 건네진다. 오히려 피드백을 전하는 나조차도 다 알지 못하는 정보와 맥락이 있을 수 있다는 전제를 바탕으로 질문한다. 같이 열어놓고 더 나은 방법을 찾아보고 싶다는 뜻이다. 때로 가장 훌륭한 피드백은 질문의 형태를 히고 있다.

수비력 키우기 4

'카더라'에 근거했는가

개인적으로 피드백할 때 원칙이 있다. 제삼자의 '카더라'를 빌려서 하지 않는다는 것이다. 이 원칙은 그런 피드백을 받은 경험을 통해 만들어졌다.

'카더라' 피드백

A의 피드백: "사람들이 그러던데 B가 너무 경솔하게 처신한다고 하더라고."
B의 질문: "네? 누가 어떤 상황을 두고 이야기하던가요?"
A의 답변: "뭐 그게 중요한 게 아니라… 어쨌든 경솔하게 행동하지 않도록 주의해주세요."
B의 반응: "…."

이런 피드백 패턴이 불러일으키는 부작용은 생각보다 복잡하다.
일단 문제를 제대로 정의하기 어렵다. 보통 이런 피드백은 민원을 접수한 상위 직책자가 전하기 마련인데, 그는 빠르게 이 갈등을 봉합하고자 하는 마음이 앞설 수 있다. 하지만 그 자리에 없는 타인의 말을 빌려 전할 때 그 근거가 탄탄하기란 쉽지 않다. 자칫 곡해되어 전달되기라도 하면 제대로 해명할 기회조차 없어진다. 이런 상황에서 해결해야 할 문제를 제대로 설정하는 건 애초에 불가능에 가깝다.

문제는 여기서 끝나지 않는다. '카더라' 피드백은 팀원 간 불필요한 오해를 불러일으키기 마련이다. 보통은 '누가' 그런 말을 했는지 알려주지 않는다. 의견을 준 사람에 대한 배려라고 할 수 있지만 그 피드백을 받은 사람은 머릿속에 온갖 경우의 수를 돌리게 된다. 익명의 커뮤니티 '블라인드'도 마찬가지다. 나에 대한 부정적인 글이나 댓글이 달리는 경험을 하면 다음 날 출근길이 고통스럽다. 평소엔 예의를 갖추며 잘 지낸다고 여겼던 동료 중 누군가가 나에 대한 부정적인 의견을 피력했다는 사실에 아무렇지 않을 이가 얼마나 있을까. 그런 경험을 한 번 하고 나면 좀처럼 동료와 유대감을 지속하기 어렵다. 내가 아는 한 직장인은, 바로 그런 일로 결국 퇴사를 결심했다. 겉과 속이 다른 동료에 대한 회의감이 그만큼 컸고, 더 이상 투명하게 협업하기 어려울 것 같다는 게 이유였다. 퇴사까지 가지 않는다 해도 불필요한 감정 소모는 조직과 개인 모두에게 해롭다.

아직 가장 중요한 부작용이 남았다. 피드백을 하는 이의 진정성을 믿기 어렵다는 점이다. 제대로 된 피드백을 하기 위해서 미움받을 용기가 필요하다. 듣기 좋은 말만 할 수는 없다. 당장은 상대의 마음을 불편하게 하더라도 문제를 바로잡고, 궁극적으로는 상대를 돕고자 하는 진정성이 있다면 그 말은 힘이 세다. 결국 그 진정성은 상대의 가드를 내리게 하고 귀를 열게 한다. 하지만 '카더라' 피드백은 정확히 대척점에 있다. 거기엔 '내가 그렇게 생각한 것은 아니고…' 하는 미움받고 싶지는 않은 비겁함이 숨어 있다. 하나 더, 그 '카더라'를 검증할 책임을 회피했다. 그런 의견을 듣더라도 그게 과연 합당한 것인지, 객관적인 것인지 검증할 책임은 피드백하는 이에게 있다. 검증했다면 내 의견으로 말할 일이지 굳이 카더라로 말할 필요가 없다. 미움받을 용기도, 도우려는 진정성도, 책임지려는 태도도 생략된 게 바로 '카더라 피드백'이다.

한 동료 팀장의 이야기를 잠시 해보자. 그는 때론 냉혹하리만치 가차 없는 피드백을 하는 것으로 정평이 나 있는 리더였다. 그와 면담하는 자리에서 피드백을 들은 몇몇 팀원은 눈물을 보이기도 했다. 자칫 그 과정에서 문제가 생기지는 않을까 걱정되어, 조심스레 "괜찮겠어?"라고 물어본 적이 있었다. 그는 단호하게 말했다.

"저는 심각한 내용으로 면담할 때는 '녹음기 켜도 됩니다'라고 말해요. 자신이 있거든요. 아프게 들릴 수밖에 없지만 제가 상대를 진심으로 위하기 때문에 가혹하리만치 냉정하게 말할 수 있다고 생각합니다."

가끔은 어떤 팀원들이 그에게 서운함을 느끼고, 날을 세우는 말로 비판하기도 했다. 하지만 시간이 지나면 이상하리만치 하나둘 다시 그의 곁으로 돌아왔다. 손쉬운 '카더라'가 아닌 진정성으로 임했을 때 생기는 일이다.

쓰레기에서
보물을 찾을 수도

이렇게 네 개의 상황을 살펴봤다. 화살의 끝이 '일'이 아닌 '사람'을 향해 있다면, 그와 내가 생각하는 목표 자체가 다르다면, 안전하지 못하다고 느낀다면, '카더라'에 근거했다면 그 피드백이 날아온들 잡지 않는 것을 선택해도 된다. 이 네 개의 필터마저 복잡하다면 이를 관통하는 딱 한 줄만 기억하자.

'나를 돕고자 하는 피드백인가?'

앞에서 여러 번 언급한 넷플릭스의 첫 번째 피드백 원칙도 이와 궤를 같이한다.

'도울 의도로 해라.'

넷플릭스는 익히 알려진 것처럼 성과 중심의 조직이다. 최고가 아닌 인재는 가차 없이 해고한다. 속된 말로 '따뜻함'을 내세우는 조직은 아니다. 그런 조직에서조차 피드백은 돕고자 하는 의도로 하라고 강조한다. 서로 잘 지내라는 뜻이 아니라, 그래야 그 피드백이 수용될 수 있고, 문제 해결에 도움이 될 수 있으니까.

여기까지 읽는 동안 당신의 머릿속에 유독 떠오르는 사람이 있을지도 모르겠다. 도우려는 의도는 눈곱만큼도 없이 나를 공격했고, 다른 목표를 가졌으며, 그 앞에만 서면 안전함이 죄다 사라졌던, 늘 '카더라'로 이야기하던 사람 말이다.

그렇다면 그다음 문장은 무엇일까? 그건 피드백이 아니라 빌런의 가스라이팅이니 당장 도망치라고, 당장 손절하라는 말이 나와야 할까? 아니다.

그와의 관계를 끊어내는 것이 보편적인 확률로 보면 현명할 수도 있다. 지금까지 그랬으니 앞으로도 그럴 확률이 높으니까.

하지만 기억할 것이 있다. 인생은 늘 확률로 움직이지 않는다.

나 역시 오랜 시간 동안 마음에 상처로 남는 피드백을 건넨 상대가 있었다. 정확히 앞서 나온 네 개의 필터 모두에 해당했다. 그는 오래도록 내게 빌런으로 존재했다. 하지만 이 책을 쓰며 돌아본 그의 피드백 중엔 아차 싶은 것이 적지 않았다.

지나고 보니 보였다. 그의 어떤 말엔 일리가 있었다. 그때 그 피드백을 듣고 수용했더라면 훨씬 좋았을 것들도 여럿이었다. 결국 손해는 그의 피드백에 선을 긋고 튕겨냈던 내가 봤다.

앞에 나왔던 쓰레기 투척 그림으로 돌아가 보자. 쓰레기를 던지면 받지 않는 것도 맞고, 쓰레기를 던진 사람이 결국 자기편을 잃게 되는 것도 맞다. 하지만 그 쓰레기 봉지 속엔 드물게 다이아몬드가 들어 있을 수도 있다. 내가 놓쳤던 꽤 많은 힌트 같은 것들 말이다.

또 한 가지, 어제 나에게 쓰레기를 던졌던 사람이 내일은 보물을 던질 수도 있다. 인도의 철학자 지두 크리슈나무르티가 이런 말을 했다.

"'그는 이런 사람이다'라고 말하지 않고 '2월에 그는 이런 사람이었다'라고 말하는 것이 무척 중요합니다. 왜냐하면 그해가 끝날 무렵에 그가 완전히 달라져 있을지도 모르기 때문입니다. 중요한 것은 자신의 선입견이나 고정관념, 의견이 아니라 언제나 생생한 마음으로 다른 사람을 만나는 것입니다."

옳다. 요즘 흔히 말하는 '손절'이 갖는 한계는 우리가 내일의 그 사람을 알 수 없다는 데 있다. 사람은 성장하는 존재다. 이 책을 읽고 있는 당신도, 나도 작년의 나와 같지 않다. 그렇다면 어제 내게 쓰레기를 던진 사람이 내일도 그럴 것이라는 전제는 위험하다. 내일 그는 보물을 던질 수도 있다. 누군가에게 섣불리 빌런의 낙인을 찍지 말아야 하는 이유다.

4단계 지구력

누적된 노력과 시간은 피드백 맷집을 키운다

> 케이스 4
피드백 회피자 S

S는 인생을 진심으로 즐기고 누릴 줄 아는 사람이다. 취미도 다양하고 사이드 프로젝트도 부지런히 해내는 모습을 보면 존경스러울 때가 많다. 그만큼 자신이 원하는 바가 분명해서 그런지 이따금 주변의 피드백을 부담스러워하기도 한다. 인간관계에 대해 이야기를 나누던 어느 날, S가 문득 이런 말을 내뱉었다.

"난 아이들이랑 있을 때가 제일 편해. 아이들은 나한테 이래라저래라 갑질을 안 하거든."

그는 실제로 회의 석상에서 피드백을 들으면 좀처럼 대꾸하지 않았다. 자신과 다른 의견에 감정적으로 반박하지도 않았지만 그렇다고 눈을 반짝이며 경청하는 것도 아니었다. 듣는 것만으로도 지쳐 보였다. 피드백을 듣고 적용할 궁리를 하기보다는 자꾸 시계를 쳐다볼 뿐이었다. 피드백을 듣는 것 자체에 대한 부담과 거부감이 유난히 커 보였다. S와 비슷한 친구가 또 한 명 있는데 어느 날 그 친구가 '회밍아웃'을 했다.

"나 사실 회피형이야."

어떤 느낌인지 이해했지만 좀 더 정확히 알고 싶어서 챗GPT에 물었다. 이런 답이 돌아왔다.

"심리학에서 '회피형'은 대인관계에서 감정적 친밀감을 피하거나, 타인과의 정서적 연결을 두려워하는 경향을 의미해요. 회피형 성향의 사람들은 일반적으로 다음과 같은 특징을 보입니다.
-감정 표현을 꺼리거나 억제하려 함.
-친밀한 관계에서 자율성과 독립성을 중요시하며, 감정적 거리를 두려는 경향.
-타인과의 감정적 연결을 거부하거나 두려워함.
-갈등이 생길 때 회피하거나 무시하려는 성향이 강함.
이는 자기 보호 메커니즘으로, 거부나 실망을 겪지 않으려는 심리적 방어기제로 이해할 수 있어요."

그 말이 곧바로 이해됐다. 생각해보면, 내 친구나 S는 좀처럼 갈등을 만들지 않던 사람들이었다. 그건 성격이 둥글거나 무던해서가 아니라 갈등이 생기지 않도록 먼저 조심하는 노력에 기인한 거였다. 그래서 생각이 다른 피드백을 적극적으로 수용하거나 대응하는 대신 침묵을 선택한 것이다.

하지만 이들은 또 다른 문제에 봉착한다. 이 또한 챗GPT에 물어보았는데 그중 일터에서 유난히 도드라진 문제는 세 가지였다.

문제 1. 갈등 해결의 어려움

감정적 충돌이나 갈등 상황에서 문제를 해결하기보다는 피하거나 무시하는 경향이 있습니다. 이 때문에 갈등이 제대로 해결되지 않고 쌓여, 관계의 지속적인 악화나 단절로 이어질 수 있어요.

문제 2. 지속적인 고립감

자신을 보호하기 위해 타인과 감정적으로 거리를 두는 것이 반복되면서, 결국 정서적 고립감을 느낄 수 있습니다. 이는 시간이 지남에 따라 외로움이나 우울감으로 이어질 수 있어요.

문제 3. 자신감 저하

타인에게 의존하는 것을 두려워하며, 자신만의 방식으로 문제를 해결하려는 경향이 있어요. 하지만 장기적으로는 자신이 감정적 관계에서 실패하고 있다고 느껴, 자기 효능감이나 자신감이 떨어질 수 있습니다.

그랬다. 내 친구 S도 피드백을 회피하면서 문제를 제대로 해결하지 못했고, 스스로 점점 고립되어간다고 느꼈다. 그로 인해 자기 효능감을 잃어가는 모습이 역력했다.

피할 수 없어서
나아질 수밖에 없었던 순간들

성장을 위해 스스로를 객관화해보고자 여러 가지 성향 검사를 해봤다. 그런데 대부분 검사에서 공통적으로 유독 낮게 나오는 항목이 있었다. 바로 '절제'였다. 한마디로 미래를 위해 인내하고 견디는 태도가 약하다는 거였다. 100퍼센트 인정한다. 나는 많은 경우 내가 하고자 하는 일엔 더없이 열의를 보였지만 그 외에는 심드렁하게 굴었다. 비단 나에게만 해당하는 결과는 아닌 것이, 내가 일하는 곳의 구성원들 진단 결과를 분석해보니 연차가 낮은 구성원들의 '절제' 점수가 상대적으로 낮게 나오기도 했다. 한편으론 당연하다. 예전처럼 묵묵히 일하는 게 미덕인 시대가 아니지 않나. 일의 의미를 적극적으로 찾고, 조직에만 좋은 일이 아니라 나에게도 좋을 일에 발 벗고 나서는 게 당연한 요즘이다. 그러니 굳이 인내의 시간을 감수할 이유가 없어 보이는 것도 사실이다.

16년을 꽉 채워 일하며 느낀 점이 있다. 가장 극적으로 성장하는 순간은 가장 힘겹게 버텨낸 경험에서 온다는 것이다. 가장 '빡센' 프로젝트에서 가장 많이 배웠고, 가장 깊은 갈등에서 가장 큰 통찰을 얻었다. 내겐 팀장으로서 일한 지난 5년이 바로 그랬다.

요즘 '팀장 당했다'라는 유행어가 있을 정도로, 예전엔 팀장이란, 능력을 인정받은 상징이었지만 이젠 달갑지 않은 역할로 여겨지는 듯하다. 그도 그럴 것이 자기다움을 중시하는 팀원들을 하나로 모으는 일이 어디 쉽겠는가. 그 과정에서 도무지 자신 없고, 하고 싶지 않은 역할도 수행해야 한다. 나 역시 그랬다. 하기 싫다고 안 하겠다고 말할 수 없고, 저 사람과 일하기 싫다고 팀을 바꿀 수도 없다.

하지만 그 시간을 통해 나는 5년 전과 다른 사람이 되어가고 있다고 느낀다. 내가 좋아하는 게 아니라 내가 해야만 하는 일을 하면서 맷집이 생겼다. 내 수준 이상의 책임을 맡으며 깜냥이 커진 것을 느낀다. 근력 운동과 비슷하다. 근육을 찢는 듯한 고통의 스쿼트를 두 팔 벌려 반기는 사람이 과연 있을까. 하지만 그 고통의 시간을 지나고 나면, 우리는 더 무거운 것을 들어 올릴 수 있고, 더 오래 지치지 않게 된다. 리더로서 보낸 5년은 내게 그런 시간이었다.

피드백에 부딪히고 치이는 경험은 분명 앞으로 당신의 삶에 꽤 단단한 근육이 되어줄 것이다. 감당하고 책임져본 시간은 결국 온전히 나의 것이 되어 나를 성장시킨다.

아, 지난 5년간 나를 성장시킨 요소가 하나 더 있다. 원래 기획자로 일하다 4년 전부터 사내 교육팀으로 자리를 옮겼다. 구성원들의 성장을 돕는 지원부서인데, 이 역할 역시 녹록지 않았다. 함께 일하는 동료들이 우리 팀의 고객이다 보니 졸지에 일상적으로 내 일을 지켜보는 600여 명의 고객을 갖게 된 셈이었다. 한술 더 떠 내가 근무하는 대학내일은 구성원들이 성장에 진심인 조직이다. 그만큼 바라보는 눈도 많고, 기대치도 높다. 내가 경험한 나의 동료들은 그 어느 조직에서 일하는 사람들보다 솔직하고 투명하다. 그 말인즉슨, 우리 팀의 프로그램 하나하나에 피드백을 아끼지 않는다는 의미다.

지금부터는 600여 명의 동료에게 받았던 피드백, 그리고 그 피드백을 수용하는 과정에서 나와 우리 팀이 어떻게 성장했는지를 이야기해보려 한다. 과연 우리 팀에 이띤 일이 있었던 걸까?

"플라스틱 컵을 100개나 만들다니 정말 진정성 없네요"

이슈: '키다리 위크' 키다리 컵

코로나가 끝나갈 무렵이었다. 일명 '코로나 사번'으로 불리는, 코로나 시기에 입사해서 동료들의 얼굴 한번 제대로 접하지 못한 이들의 소속감을 높이는 것이 우리 팀 고민이었다. 그래서 내린 결론이 '키다리 아저씨'를 만들어주자는 것. 팀 너머, 층 너머로 나를 지지해주는 동료와 연결하는 '키다리 위크'는 그렇게 시작됐다.

문제는 홍보였다. 론칭하는 프로그램이 그러하듯 어떻게 구성원들에게 알리는지가 화두였는데, 팀에서 '키다리 컵'을 만들어보자는 의견이 나왔다. 당시 일부 카페에서 일반 컵보다 좁고 기다란 컵을 도입해서 주목을 받았는데 한정판 굿즈 개념으로 기다란 컵을 100개 제작하여 제공하자는 아이디어였다. 물론 환경이 중요하니 여러 번 사용할 수 있는 리유저블(reusable) 컵으로. 시각적으로 참신하게 다가갈 수 있을 것 같아 바로 진행했다. 하지만 그 선택이 화근이 될 줄이야. 사내 익명 게시판에 이에 대한 부정적 피드백이 올라온 것이다.

들었던 피드백: "진정성 있는 활동을 부탁합니다"

"꼭 필요하지 않은 플라스틱 컵을 100여 개 제작하는 게 이해되지 않습니다. 환경을 조금만 생각한다면, 무엇보다 불필요한 것을 만들어내지 않고 꼭 필요하지 않으면 사지 않는 게 궁극적으로 도움이 된다는 사실을 자연히 알 것입니다. 음료를 마시며 멘토링하는 게 행사의 취지라면 음료만 무료로 제공하고 개인 컵을 사용하게 하는 쪽이 더 ESG에 맞는 게 아닐까요."

개복치 본능: '과정도 잘 모르면서…'

코로나 사번들의 소속감을 높이기 위해 치열하게 고민한 끝에 내놓은 아이디어였는데, 우리 팀에 대한 배려가 부족하다고 느껴졌다. 한마디로 서운했다.

실제 대응: 우선 사과했고, 리유저블 컵을 계속 써달라고 부탁했다

"우선 적극적이고 진정성 있는 의견 주셔서 진심으로 감사드립니다. 기획 과정에서 이 점이 논의되긴 했지만 '키다리 위크'라는 메시지를 가장 효율적으로 전달하는 방법에 좀 더 집중했던 것 같습니다. 향후 기획할 때 주신 의견을 적극적으로 반영하도록 노력하겠습니다:) 바람이 있다면 이번에 받으신 컵을 오래, 자주 사용했으면 합니다. 다시 한번 적극적인 의견 개진에 감사드립니다. 앞으로도 잘 부탁드려요."

성장 포인트: 잘못된 건 고치면 된다. 그 과정에서 오히려 신뢰를 얻더라

잠시 감정의 냉각을 거치니 충분히 일리 있는 말이었다. 우리의 생각이 미치지 못한 사각지대였던 셈이다. 재빨리 위의 댓글을 달자 그 밑에 우리 팀을 지지하는 댓글이 주르르 달렸다. 그중 유독 기억에 남는 댓글이 있었다.

"한 걸음에 너무 무거운 무게가 실린다면 누구도 한 걸음을 내딛지 못할 것 같아요. 저는 이번 '키다리 위크'가 선진적인 HRD 제도라고 생각하며, 도입된다면 많은 도움을 받을 것 같습니다."

무엇보다 그때 우리 팀과 동료들이 하나의 목표를 공유하고 있다는 사실을 이 책을 쓰며 새삼 깨달았다. 키다리 컵을 만든 우리 팀도, 피드백을 남긴 동료도 목표가 같았다. '우리는 서로를 위하는 진정성 있는 조직을 만든다.'

"'E'들만 신경 써주니까 'I'로서 소외감 느껴요"

이슈: 키다리 위크로 인한 소외감

마찬가지로 두 번째 피드백도 앞의 프로그램에서 나왔다. 이 피드백은 익명 게시판 블라인드에 올라왔고, 그래서 좀 더 개인적이고 솔직한 의견들이 이어졌다.

들었던 피드백: "우리 회사는 외향적인 E들만 위하나. 소외감 정말 심하다"

정말 진지한 피드백이었다. 키다리 위크는 만나고 싶은 사람을 지목하거나, 특정 카테고리나 키워드로 연결해달라고 신청하는 프로그램이었다. 그래서 상대적으로 좀 더 적극적인 구성원들의 참여가 높았는데 그 모습이 비참가자들에게는 소외감을 불러일으킨 모양이었다. 라운지에서 삼삼오오 모여서 대화를 나누는 참가자들을 보면서 그곳에 끼지 못하는 소외감을 토로했다.

개복치 본능: '그럼… 본인도 신청해서 참가하면 되는 거 아냐?'

정확히 반반이었다. 주최한 사람으로서는 본인이 적극적으로 참여하지 않고 감정적 불만을 공개된 플랫폼에 올린 것이 답답했다. 한편으로는 나 또한 내향적인 I의 한 사람으로서 그 마음을 충분히 이해할 수 있었다. 왁자지껄한 분위기에 함께 하지 못한다는 소외감이 들 수 있겠다 싶었다.

실제 대응: I 성향의 구성원을 위해 스스로 고찰할 수 있는 프로그램을 추가 론칭했다

처음엔 '그냥 이 프로그램 하지 말까요?' 하는 의견이 팀에서 나왔다. 누구에게도 상처 주지 않는 것이 중요하니까. 하지만 키다리 위크 덕분에 조직에 부쩍 잘 적응하고 있는 이들의 리뷰가 마음에 걸렸다. 우리 팀은 두 번째 방법을 택했다. 왁자지껄 어울리는 것이 좋은 E들을 위한 네트워킹 프로그램은 유지하되, I들도 큰 허들 없이 참여할 수 있는 프로그램을 만들자는 것이었다. 그게 '쎌터뷰'의 시작이다. 이름에서 짐작할 수 있듯, '쎌터뷰'는 자신이 스스로를 인터뷰하는 형태의 프로그램이다. 노션^{Notion}에 익명 게시판을 만들었고, 신청자들이 일주일 동안 매일 아침 공개되는 질문에 스스로 답하는 시간을 가졌다. 일주일 후에는 그간 쌓인 개인의 기록을 바탕으로 달력을 만들어 선물했다.

성장 포인트: 거친 불만은 그만큼 간곡한 부탁이다

주변에서 "그냥 듣고 흘려. 공식적인 문제 제기도 아닌데" 하는 목소리도 적지 않았다. 하지만 그러고 싶지 않았다. 어떻게든 '당신의 피드백을 듣고 있습니다'라는 메시지를 주고 싶었다. 불만 섞인 피드백은 실은 '나도 자연스럽게 어울리고 싶고, 이 조직에서 존중받고 싶다'라는 부탁이었다. 그 진심이 통했던 걸까. '쎌터뷰'는 2025년 현재, 4년째 순항 중이다. (전체 구성원 중 매년 10퍼센트 정도가 참여 중이다.)

"네에? 점심시간에 공부하라고요?"

이슈: '당써먹' 점심시간 운영

내가 일하는 조직에는 '당써먹'이라는 교육 프로그램이 있다. '당장 써먹는 점심시간 스터디'의 약자로 말 그대로 점심시간에 운영된다. 사연이 있다. 우리는 에이전시 업무를 하다 보니 고객이나 협력사와의 커뮤니케이션이 매우 빈번했고, 업무와 미팅이 갑자기 잡히는 일이 많았다. 아무리 좋은 내부 교육을 준비해놔도 신청자의 70퍼센트가 불참하는 일도 비일비재했다. 고육지책으로 운영 시간을 점심시간으로 옮겼다. 외부의 관여가 가장 적고 마음 놓고 배울 수 있는 거의 유일한 시간이라는 판단 때문이었다. (물론 누구든 배우고자 한다면 참여할 수 있는 시스템으로, 100퍼센트 자율 참석이다.) 하지만 이에 대한 문제 제기가 '대학내일에 보내는 편지'에 올라왔다. 여기에 편지가 오면 대표이사가 의무적으로 답변해야 한다.

들었던 피드백: "왜 교육을 점심시간에 하나요?"
"점심시간은 8시간 근무 시 근로자에게 주어지는 1시간의 휴게시간입니다. 그 시간에 스터디를 운영하는 것이 가끔은 좀 이상하게 느껴질 때가 있어요. 휴식하라고 주어진 시간에 대신 공부를 하라는 것이 어딘가 모순적으로 느껴집니다."

개복치 본능: '업의 특성을 고려한 현실적 판단인데 그 과정은 모르면서… 게다가 자율이잖아!'
점심시간에 스터디 운영을 결정하기까지 정말 고민이 많았다. 최고의 선택은 아니지만 현재 상황을 고려했을 때 최적의 선택이라고 판단하고 운영했다. 여러 차례 그 이유를 설명했지만, 신규 채용이 급증하면서 그 배경을 알지 못하는 구성원들이 점점 늘어난 듯했다. 우리의 결정에는 명확한 이유가 있는데, 그 부분을 몰라주는 것 같아서 답답함을 느꼈다.

실제 대응: "완벽하진 않지만 전략적 선택입니다. 그 이유는…"
제법 길게 공식적인 답변을 작성했다. 다음은 그 요약이다.

"먼저 저희의 고민을 공유할 수 있는 기회가 될 것 같습니다. '당써먹' 기획 당시의 화두는 '운영 시간'이었습니다. '점심시간'으로 결정한 이유는 모두가 가장 몰입할 수 있고 많은 사람들이 참여할 수 있는 시간이기 때문입니다. 가장 편안한 시간을 만들기 위해 다양한 시도를 해왔습니다. '당써먹 커피'도 그렇게 개발되었고, 식사 메뉴도 조금씩 변화를 주고 있습니다. 점심시간 운영에도 불구하고 (에이전시 업무의 특성상) 외근이나 갑작스러운 업무 등으로 올해 결석률이 20.28퍼센트에 달합니다. 이런 환경에서 업무 시간에 진행한다면 참여자들의 진입장벽을 높이거나, 부득이한 불참이 많아질 것도 고려했습니다. 완벽한 방식은 아니지만, '현실적인 전략'이라고 말씀드리고 싶습니다. 무엇보다 함께 고민해주셔서 진심으로 감사드립니다."

성장 포인트: 위기는 기회다
자칫 부정적 피드백으로 여길 수도 있있시반 정말 좋은 기회였다. 이런 종류의 커뮤니케이션은 구성원 몰입도가 정말 높

다. 한마디로 화제성이 뛰어나다는 것. 아무리 인트라넷에 공지글을 열 번 쓴다 한들 여기에 한 번 답변하는 것만 못할지도 모른다. 그래서 더 신경 써서 상황을 자세하게 설명했다. 지난 3년간 교육의 불참률과 개설 강의, 참여자 수를 시기별로 빠르게 정리해서 '숫자'로 이야기했다. 그리고 점심시간에 교육한다는 것 자체에 대한 불만이라기보다는 그 시간이라도 좀 여유 있고 유쾌하게 그러면서도 배움이 있는 시간으로 보내고 싶다는 부탁으로 해석하고 대안을 제시하기도 했다. 그 마음에 공감하며 나는 그 한 시간을 좀 재밌게 만들어보겠다고 약속했다. 실제로 토크쇼 형식의 교육 프로그램도 개발하고, 감각 있는 힙한 디저트까지 준비하고 있다.

이렇게 되짚어보니, 결국 우리는 모든 피드백을 통해 무언가를 배우며 성장해왔음을 느낀다. 이 책을 빌려 피드백이 의무도 아닌 상황에서 귀한 시간을 내어 의견을 개진해준 동료들에게 감사의 말을 전한다. 덕분에 나도 우리 팀도 3년 전과는 다른 팀이 되었다.

5단계 전도력

동료들과 함께 피드백 문화를 만들자

전도(傳道): 도리를 세상에 널리 알림

> 케이스 5
일 욕심 많은 L

벨기에 만화 《개구쟁이 스머프》는 무려 1958년생이다. 탄생한 지 70년 가까이 된 이 만화가 아직도 회자되는 이유는 스머프들의 캐릭터가 인간 군상을 정확히 표현하고 있기 때문이 아닐까 싶다. 대표적인 캐릭터가 투덜이 스머프다. 주로 불평하고 투덜거리는 성격을 가진 캐릭터로, 입에 달고 다니는 대사가 인터넷상에 '짤'로도 돌아다닌다. "싫어, 난 그게 싫어!"

L은 투덜이 스머프와 상당히 닮은 캐릭터다. 그는 조직과 주변 동료들의 느린 변화에 자주 불만을 토로했다. 본인 판단에 100만큼은 해야 하는데 10 정도만 변화하고 있다고 여겼다.

"나 혼자 열심히 하면 뭐해? 팀원들이 안 따라오는데?"

그가 유난히 답답함을 느꼈던 부분은 바로 '피드백'이었다. 워낙 똑똑하고 일 욕심이 있는 사람이다 보니 피드백에 대한 관점도 남달랐다. 그냥 주어지는 피드백만 듣지 않았고, 남들이 하는 의례적인 피드백을 건네지도 않았다. L은 언제나 먼저 적극적으로 질문하고 의견을 제시했다. 하지만 시간이 지나면서 그 열정은 점차 불만으로 바뀌었다. 팀원들이 그의 기대에 미치지 못했기 때문이다.

"처음엔 내가 본을 보이면 따라 하겠거니 해서 내가 쓰는 제안서에 피드백 달라고 전체 메일을 돌리고 막 그랬거든. 근데 놀랍게도 아무도 회신을 안 하더라? 더 웃긴 게 뭔지 알아? 나중에 전해 들었는데 어떤 팀원이 왜 저렇게 튀고 싶어 하냐고 뒷말을 했다는 거야. 바빠 죽겠는데 왜 일을 벌이냐고. 이러니 내가 의지가 꺾이지 않을 도리가 있어?"

그의 말은 충분히 이해됐다. 피드백은 혼자 북 치고 장구 치고 할 수 있는 게 아니다. 그가 갈증을 느낀 건 '팀 문화'였다.

피드백은 각개전투가 아닌 팀전이다

슬픈 소식이 하나 있다. 여기까지 열심히 책장을 넘긴 당신을 맥 빠지게 할지도 모르겠다. 나 혼자 피드백에 진심을 다해봤자, 나 하나 노력해봤자, 주변 사람들이 변하지 않으면 나 역시 제자리로 가는 건 한순간이다. 배운 대로 노트를 펴고 적어본

들, 나를 호구로 여기는 하이에나 동료나 완강하게 튕겨내는 개복치 동료들이 9할을 차지하는 팀이라면 그 노트는 몇 번 쓰이지도 못한 채 버려질 게 뻔하다. 조직문화가 중요한 이유다. 다 같이 노력하게 하고, 그 노력이 인정받을 수 있게 하는 것은 결국 문화니까.

엔비디아는 최근 가장 주목받는 기업이다. 대부분은 엔비디아의 실적이나 주가에 주목하지만 나는 이들의 조직문화가 흥미롭다. 그 문화를 주도하고 있는 것은 가죽 자켓을 입은, 친근한 동네 아저씨처럼 보이기도 하는 바로 CEO 젠슨 황이다. 그는 엔비디아의 비즈니스만큼이나 조직문화에도 큰 에너지를 쏟는데 그가 가장 강조하는 것은 '지적인 정직성intellectual honesty'이다. 쉽게 말해 진실을 추구하고, 실수에서 배우고, 배운 것을 공유하는 문화를 그는 지향한다. 물론 이를 지향하지 않는 기업은 없을 것이다. 하지만 그것을 실제 현장에서 실행에 옮기고, 끝내 조직문화로 정착시키는 기업은 드물다.

엔비디아의 지향과 노력이 엿보이는 에피소드가 하나 있다. 엔비디아는 정기적으로 전체 구성원들이 참여하는 비대면 미팅을 진행한다. 누구든 조직과 CEO에게 피드백할 수 있다. 한 번은 구성원 중 한 명이 이런 피드백을 했다고 한다.

"일하다 보면 에너지 드링크가 간절할 때가 있죠. 그런데 지금 사무실에 있는 자판기는 가격이 비쌉니다. 구글 같은 회사에선 공짜로 주던데 우리도 무료로 제공하면 안 됩니까?"

잠깐 생각해보자. 우리나라 대기업 총수와의 대담에서 이런 피드백이 나왔다면? 아마 행사를 진행하던 이들의 얼굴이 파랗게 질렸을 것 같다. 물론 많은 경우 각본이 미리 준비되어 있을 테니 이런 돌발 상황은 애초에 불가능하지만 만약 나왔다고 해도 답변은 예상 가능하다.

"그 부분은 제가 관련 부서에 지시해서 검토해보도록 하겠습니다." (=왜 이런 중요하지 않은 이야기를 꺼내는 거지? 질문한 사람 누구야?)

하지만 젠슨 황의 답변은 의외였다.

"전 여러분이 그렇게 에너지 드링크를 부어가면서까지 과로하길 바라지 않습니다. 그리고 필요하다면 돈 주고 사 먹으면 됩니다. 여러분 많이 벌잖아요?"

그 대화가 오가는 현장의 분위기가 눈앞에 생생하게 그려졌다. CEO 앞에서 '유치한' 피드백을 했다고 누구도 그 사람을 비아냥거리지 않았다. 그렇다고 무턱대고 수용하거나 다른 부서로 일을 전가하지도 않았다. 피드백을 받은 CEO는 자신의 생각을 이야기했다. 기준과 여유를 가지고.

이 장면을 곱씹을수록 이것이 단순히 흥미로운 에피소드에 그치지 않는다는 생각이 든다. 이 장면은 중요한 두 가지 포인트를 보여준다.

1. 모두가 피드백을 하고, 들을 수 있는 시간을 제도로 만들었다.
2. 가장 큰 권위를 가진 리더조차도 타인의 피드백을 함부로 판단하거나 무시하지 않는 모습을 보여줬다.

개개인의 노력에 의존하는 게 아니라, 제도를 만들고 구체적인 사례를 제시하면서 그것이 조직 전체의 문화가 되게끔 유도하고 있다는 느낌을 받았다. 이런 일은 꼭 엔비디아 같은 대기업만 할 수 있는 건 아니지 않나.

이번 장에서는 이 책을 읽고 있는 당신부터 노력하되 거기서 끝나지 않고 소속 팀의 문화로 정착시킬 수 있는 여덟 개의 제도를 소개하려 한다. 전혀 어렵지 않다. 노션이나 워드에 뚝딱뚝딱 만들어 10분이면 세팅 완료다. 예산을 편성할 필요도 없다. 여섯 명 규모의 우리 팀에서 3년째 보완해가며 유용하게 쓰고 있는 제도들이니 그 효용은 내가 보장할 수 있다. 물론 지속적으로 한다면 말이다.

목적은 크게 다섯 가지로 나눌 수 있다. 각자 상황과 니즈에 맞게 적용해보는 것을 추천한다.

1. 스스로 목표와 원칙을 세우도록
2. 스스로 손들고 피드백을 청하도록
3. 소소한 업무에도 피드백이 적용되도록
4. 피드백이 데이터베이스로 쌓이도록
5. 피드백 효과를 직접 확인하도록

> 전도력 키우기 1

스스로 목표와 원칙을 세우도록

가장 먼저 소개하고 싶은 제도는 피드백을 주고받는 과정에서 스스로 목표와 원칙을 세울 수 있도록 돕는 제도디. 이깃이 첫 번째인 데에는 이유가 있다. 데일 카네기의 《데일 카네기 인간

관계론》은 1936년에 출간된 이후 누적 판매 부수 6,000만 부를 기록한 책이다. 《성경》 다음으로 많이 팔렸다. 꽤 높은 확률로, 당신의 책장 어딘가에 이미 꽂혀 있을지도 모른다. 데일 카네기가 남긴 수많은 말 중에서 요즘 유난히 곱씹게 되는 말이 있다.

"세상에서 유일하게 다른 사람에게 영향력을 행사하는 방법은 다른 사람이 원하는 것에 대해 이야기하고 어떻게 하면 그것을 얻을 수 있는지 보여주는 것뿐이다."

공감한다. 아무리 좋은 제도를 소개하고 같이해보자고 설득한들 다른 사람들을 움직이기란 여간 어려운 일이 아니다. 그들을 움직이게 하는 말은 바로 이것이다. "이걸 하면, 네가 원하는 걸 이룰 수 있어."

피드백 제도도 마찬가지다. 논리적으로 시대적으로 이게 얼마나 유의미한지 설명하는 것은 무의미하다. 대신 자신의 성장과 욕망에 어떤 도움이 되는지를 이야기하는 것이 현명하다. 가장 먼저 스스로 목표와 원칙을 세우게 도와야 하는 이유가 바로 그래서다.

가장 먼저 각자 원하는 나의 브랜드를 이야기한다. 그 브랜드를 만들기 위해 피드백을 주고받는 과정에서 어떻게 행동해야 하는지를 고민한다. 그리고 서로 생각을 나누며, 팀에서 오가는 피드백의 규칙을 만들어보는 거다.

스스로 정하는 목표 〈나의 피드백 브랜딩〉

콘셉트: "어떤 브랜드가 되고 싶어요?"
난이도: ★★★☆
한 줄 설명: 피드백을 듣는 태도는 나의 브랜드가 된다. 어떤 브랜드가 되고 싶은지 정의해보자.
예상 소요 시간: 1시간(5명 기준)
추천 주기: 최초 1회, 여유가 된다면 연초에 하는 것 추천

진행 방법은 다음과 같다.

① 롤모델에서 힌트를 찾자. 피드백을 대하는 태도에서 본받고 싶은 사람이 있다면 그 이유가 무엇인지 생각해보자.

(예) OO, 그는 설령 평소 사이가 좋지 않은 사람이 준 피드백이라도 편견 없이 귀를 열려고 노력한다.

② 반면교사 인물에게서 힌트를 찾자. 정확히 반대의 방법도 있다. 피드백을 대하는 태도가 실망스러운 사람을 적어보자. 그리고 똑같이 그 이유를 들여다보자. 나는 그의 '어떤 면'

이 그렇게 꺼려졌는지 곱씹어본다. 그리고 그걸 거꾸로 뒤집어 나의 지향점을 생각해본다.

(예) OO, 그는 다른 사람이 준 피드백을 들으면 습관처럼 "그건 아니죠"라며 상대의 말을 잘랐다.

③ 키워드에서 힌트를 찾자. 아래의 표현 중 커리어 지향과 맞닿아 있는 것으로 두세 개를 고르고 적절하게 이어 붙인다.

> 잘 이해해주는 사람, 감성적인 사람, 세심한 사람, 알아차리는 사람, 비밀을 지켜주는 사람, 감성이 풍부한 사람, 감정에 이입하는 사람, 타인 지향적인 사람, 격려를 잘하는 사람, 마음을 다하는 사람, 영향력을 행사하는 사람
>
> 매력적인 사람, 사회성이 강한 사람, 영향력이 있는 사람, 외향적인 사람, 분위기를 만드는 사람, 남과 어울리기 좋아하는 사람, 마음을 끄는 사람. 다양한 사람을 만나는 사람, 표현력이 뛰어난 사람, 갈등을 줄여주는 사람, 합의점을 찾아내는 사람, 재미있는 사람
>
> 추진력 있는 사람, 언제든 시작할 수 있는 사람, 준비된 사람, 행동 지향적인 사람, 주도적인 사람, 촉매제 역할

을 하는 사람, 행동이 빠른 사람, 역동적인 사람, 빠르게 돌입하는 사람, 목표 지향적인 사람, 의욕이 넘치는 사람, 다른 사람들을 이끄는 사람

품질을 중시하는 사람, 결과를 중시하는 사람, 탁월함을 의식하는 사람, 기준이 높은 사람, 꾸준한 사람, 사려 깊은 사람, 집요한 사람, 끝까지 행동하는 사람, 근면한 사람, 성실한 사람, 진지한 사람, 스스로 동기부여 하는 사람

계획적인 사람, 구조적인 사람, 예측 가능한 사람, 세심한 사람, 복잡함을 정리하는 사람, 시기적절한 사람, 정확한 사람, 단순화하는 사람, 생산성을 만들어내는 사람, 일을 조율하는 사람, 통제를 잘하는 사람, 맥락을 찾아내는 사람

논리적인 사람, 수치를 해석하는 사람, 조사에 능한 사람, 문제점을 끄집어내는 사람, 관찰력이 있는 사람, 통찰력이 있는 사람, 문제를 개선하는 사람, 객관성을 유지하는

사람, 데이터를 근거로 하는 사람, 비교우위를 차지하는 사람, 명확한 사람, 집요한 사람

효과적인 사람, 탐구심이 많은 사람, 예상을 잘하는 사람, 생각을 많이 하는 사람, 통찰력이 있는 사람, 전략을 세우는 사람, 대안을 세우는 사람, 자기 성찰적인 사람, 사색적인 사람, 지적인 사람, 철학적인 사람, 상식이 풍부한 사람

창의적인 사람, 즉흥적인 사람, 혁신적인 사람, 직관력이 뛰어난 사람, 활기를 주는 사람, 아이디어를 제공하는 사람, 정보를 연결하는 사람, 미래 지향적인 사람, 영감을 주는 사람, 상상력이 풍부한 사람, 예상을 잘하는 사람, 변화에 쉽게 대응하는 사람

출처: 태니지먼트

'탁월함을 의식하는 사람', '스스로 동기부여 하는 사람', '마음을 끄는 사람'을 선택했다면 자신의 커리어 지향을 다음과 같이 정리할 수 있다.

'나는 (결과물의) 탁월함을 의식하며 스스로를 동기부여 하고 (타인의) 마음을 끄는 사람이 되고자 한다.'

이러한 브랜드를 나의 피드백 브랜드로 만들고 싶다면, 피드백을 듣는 태도가 달라질 수밖에 없다. 결과물의 탁월함을 의식하고자 한다면 더 나아질 수 있는 힌트를 찾기 위해 피드백 하나하나를 허투루 들어선 안 된다. 스스로 동기부여 하고자 한다면 아픈 피드백도 나를 움직이게 하는 또 다른 엔진으로 삼아야 한다. 타인의 마음을 끌고자 한다면 어떤 의견도 편견 없이 들으려 애쓰는 모습을 보여야 한다. '생각하지 않고 살면, 사는 대로 생각하게 된다. 생각하고 살면, 생각하는 대로 살게 된다.' 이 말처럼 내 브랜드에 대한 욕심은 오늘의 나를 더 의식 있게, 더 주도적인 태도로 이끌어준다.

함께 조심하는 〈피드백 Don't do & Do 5〉

콘셉트: "피드백을 들을 때 우리 이렇게 해봐요."

난이도: ★★★★

한 줄 설명: 팀에서 피드백을 받는 과정에서 함께 지켜야 할 규칙을 만들어본다.

소요 시간: 1시간(5명 기준)

추천 주기: 최초 1회

진행 방법은 다음과 같다.

① 피드백을 줬을 때 상대방의 반응에서 느꼈던 어려움에 대해 돌아가며 이야기해본다.

(예) "프로젝트를 회고할 때 저는 '문제' 중심으로 이야기했는데 받는 사람이 '자신'을 공격한다고 오해하는 경우가 종종 있었어요. 물론 저도 좀 더 세심하게 말할 필요가 있지만, 기본적으로 피드백은 사람을 공격하려는 것이 아니라 문제를 해결하기 위한 것이라는 인식을 우리 모두가 전제로 삼았으면 좋겠습니다."

② 나온 의견을 포스트잇에 적어 벽에 붙이고 공감되는 내용에 스티커로 투표한다.

③ 다섯 개 정도를 추려 팀에서 함께 지켜야 할 규칙으로 공유한다. 내용이 많지 않다면 세 개여도 좋다.

(예) 피드백은 '사람'이 아닌 우리의 '일'에 대한 것이라는 점을 잊지 말기.

이 제도를 통해 나도 피드백을 듣는 과정에서 팀원들을 불편하게 한 적이 있었음을 깨달았다. 딴에는 조심한다고 했지만 내가 미처 인지하지 못했던 건 내 표정과 눈빛이었다. "팀장님은 피드백을 들을 때 미간이 좁혀져요. 그리고 눈빛이 너무 진지해져서 '이런 말은 하지 말걸 그랬나'라며 후회할 때가 있어요." 한 팀원의 이 같은 의견에 나의 피드백 규칙이 하나 추가되었다.

전도력 키우기 2
스스로 손들고 피드백을 청하도록

자신의 브랜딩 목표를 정하고 팀의 규칙을 이야기했다면 이제 이것을 실전에 적용할 차례다. 무턱대고 '규칙을 정했으니 이대로 해봅시다'라고 밀어붙이는 태도는 바람직하지 않다. 앞서 말한 대로 우리 사회에서 피드백을 듣는 것은 아직 두려운 일이다. 피드백이 진지한 평가나 지적으로 받아들여지기 때문이다. 그렇다면 그 인식을 바꿔보자. 너무 진지하지 않고 가볍게, 문제를 지적하기보다 강점을 콕 짚어주는 피드백으로 말이다.

수시로 청하는 〈피드백 플리즈〉
콘셉트: "더 좋은 동료가 되고 싶어요. 도와주세요."
난이도: ★★☆☆
한 줄 설명: 스스로 성장 포인트를 찾고 싶다면 언제든 간단한

설문폼을 만들어 '먼저' 청해보자.

소요 시간: 10분 내외

추천 주기: 중요한 프로젝트를 마쳤을 때, 반기 단위 리뷰가 필요할 때, 스스로 정체되어 있다고 느낄 때

주의할 점은 다음과 같다.

① 과거를 평가하는 데서 멈추는 것이 아니라 앞으로의 제언에 초점을 맞춰서 문항을 설계한다.

(예) 다음에 비슷한 프로젝트를 수행할 때 더 나은 결과물을 위해 스킬이나 노하우를 익히고 싶어요. 추천해주고 싶은 책이나 콘텐츠가 있을까요? 만나보면 좋을 분을 추천해주셔도 좋아요.

(예) 이번 프로젝트에서 '이 부분이 좀 더 나아지면 좋겠다'고 느낀 점이 있다면 알려주세요. 개선을 위한 팁이나 아이디어도 함께 나눠주시면 큰 도움이 될 것 같아요.

② 친한 사람에게만 묻지 말자. 듣고 싶은 건 칭찬이 아니라 피드백이니까.

③ 요청이 아니라 부탁이다. 응답자가 내어주는 시간에 반드시 감사를 표한다.

④ 피드백을 반영한 결과도 잊지 않고 공유한다.

진행 방법은 다음과 같다.

① 받고 싶은 피드백의 분야나 키워드를 정리해본다.

② 설문폼에 질문을 작성하되, 위에서 언급한 것처럼 평가가 아닌 향후 개선과 제안에 초점을 맞춘다.

③ 함께 일하는 이들 중 피드백을 받고 있는 이들에게 개별적으로 부탁한다.

이 제도를 고안한 건 3년 전쯤 옆 팀 신입사원 덕분이다. 내가 일하는 조직에는 정례화된 피드백 제도가 없었다. 한 해를 마무리하며 자신의 성장 포인트를 찾고 싶었던 그는 아무도 시키지 않았지만 스스로 질문지를 만들어 함께 일해본 이들에게 돌렸다. 누가 내게 아픈 피드백을 할까 봐 잔뜩 움츠러들었던 그즈음의 내게 큰 자극이 되었다. 피드백을 자양분 삼아 성장하고 싶다는 용기와 의지가 느껴졌기 때문이다.

강점을 부각하는 〈떰즈업 Thumbs up〉

콘셉트: "덕분에 이렇게, 다음엔 이렇게 기대해요."

난이도: ★★★☆

한 줄 설명: 동료의 강점이 발현되었을 때 수시로 강점 중심 피드백을 남긴다.

소요 시간: 1분

추천 주기: 동료의 강점이나 기여를 발견할 때마다

주의할 점은 다음과 같다.
① 단순히 칭찬만 하는 게 절대 아니다. 세 가지가 반드시 포함되어 있어야 한다. '떰즈업'을 날린 이유, 기여 포인트(덕분에), 성장 포인트(다음엔)
② 동료에게 떰즈업을 받으면 나도 적극적으로 동료의 강점을 관찰하여 피드백해주는 것이 예의다.
③ 누적해서 리뷰해보는 것도 추천한다.

진행 방법은 다음과 같다.
① 떰즈업 기준과 방식을 정한다.
(예) 떰즈업 할 때마다 네 개의 항목을 적기로 해요. 1. 떰즈업 포인트 2. 팀 기여 포인트 3. '다음엔' 성장 포인트 4. 떰즈업을 날린 사람의 이름.
② 포맷을 정하고 만든다.
(예) 나중에 노션 페이지를 만들더라도 일단은 팀 메신저에 남기면 어때요?
③ 초기엔 최소 주 1회 등으로 붐업 기준을 제시한다.

④ 분기별 또는 반기별 오프라인에서 모여 주고받은 떰즈업을 리뷰하는 것도 좋다.
(예) 제가 받은 떰즈업 중에 가장 인상적이었던 것은….

피드백이 반드시 문제 상황에 대한 내용일 필요는 없다. "넌 이걸 참 잘해"라는 식의 강점 피드백도 해보자. 동료끼리 서로의 강점을 찾아주고 알려준다면 자신을 보다 객관적으로 이해하는 데 큰 도움이 될 것이다.

> 전도력 키우기 3
소소한 업무에도 피드백이 적용되도록

피드백에 대한 허들이 낮아지고 주고받는 일이 자연스러워졌다면 이제는 실질적인 변화를 시도할 때다. 실제 업무 범위로 넓혀 우리가 진행하는 프로젝트를 바탕으로 피드백을 주고받아보자.

딱 30분만 〈헤쳐 모여〉
콘셉트: "1시에 제 프로젝트 피드백해주실 분?"
난이도: ★★☆☆

한 줄 설명: 담당 업무에 대한 피드백을 받고 싶을 때 바로 '번개' 회의를 소집한다.

소요 시간: 30분

추천 주기: 필요할 때마다 즉시, 비대면도 OK

주의할 점은 다음과 같다.

① 의무가 아니다. 해당 시간에 가능한 사람만 참여한다.

② 서로 부담이 없어야 한다. 평균적으론 20분, 길어져도 30분 안에 끝낸다.

③ 회의를 마치면 담당자는 감사의 인사를 전한다.

진행 방법은 다음과 같다.

① 담당자가 시간을 정해 "헤쳐 모여"를 외친다.

(예) '플래닝 학교'를 기획하다가 아이디어가 고갈됐어요. 오늘 2시에 줌에서 헤쳐 모여 가능하신 분, 이 메시지에 하트를 눌러주세요."

② 담당자는 내용을 미리 공지한다(바쁘면 생략 가능).

(예) "관련 내용을 미리 확인하고 싶으신 분은 이 파일을 참고해주세요. 지난 시즌 플래닝 학교 과목들과 과목별 리뷰를 정리한 파일이랍니다. 물론 현장에서 간단히 브리핑해드릴 테

니 꼭 읽으실 필요는 없습니다."

③ 한데 모여 안건에 대해 피드백하고, 30분 안에 해산한다.
(예) "모으고 싶은 의견은 두 가지입니다. 과목에 대한 의견과 그 과목에 적합한 연사를 추천받고 싶어요. 지금부터 30분 타이머 시작합니다!"
(예) "와, 이렇게 의견이 모였네요. 모아주신 의견을 잘 활용해서 기획해볼게요. 시간 내주신 동료 여러분, 정말 감사합니다!"

처음 이 제도를 운영했을 때 모두가 너무 진지하게 받아들였다. 담당자는 지나치게 많은 내용을 준비한 탓에 예정된 30분을 훌쩍 넘길 기미가 보였다. 진지하게 논의하는 것은 좋지만 그렇게 하면 '헤쳐 모여'라는 제도 자체가 자주 이용되기 어려울 것 같다는 생각이 들었다. 30분 넘게 동료들의 시간을 점유한다는 것은 여러모로 부담일 수밖에 없으니까. 그래서 일부러 30분이라는 시간 규칙을 정확히 지켜 회의를 마쳤다. 그다음부터는 딱 그 시간 안에 논의할 수 있을 만큼만 준비하고 부담 없이 참여하는 분위기가 자리 잡았다. 그 경험이 기준의 중요성을 다시금 느끼게 해준 계기였다. 워낙 단순한 제도이다 보니 이 제도를 접한 다른 팀에서도 활발하게 활용하고 있다.

우리 일의 오답노트 〈신호등 리뷰〉

콘셉트: "빨노초 레슨런을 찾아보죠."

난이도: ★★★☆

한 줄 설명: 회고가 필요한 프로젝트마다 초록/빨강/노랑 포스트잇을 활용해 개선 포인트를 찾는다.

소요 시간: 1시간(5명 기준)

추천 주기: 문제가 발생했거나, 중요한 프로젝트를 마친 직후

주의할 점은 사람이 아닌 문제에 집중해야 한다는 것이다. 다른 의견이 있더라도 반박하거나 이의를 제기하지 않는다. 모두가 각자의 의견을 자유롭게 내고, 그 모든 의견을 모아 나열한다.

진행 방법은 다음과 같다.

① 유지할 것은 초록색, 고쳐야 할 것은 빨간색, 새로 시도해 봄 직한 것은 노란색 포스트잇에 각자 작성해서 벽에 붙인다.

② 유사한 카테고리로 내용을 분류한다.

③ 많이 나온 의견을 중심으로 향후 개선점을 정리한다.

④ 회의를 마치면 프로젝트 담당자는 참여자들에게 감사의 인사를 전한다.

이해를 돕기 위해 예를 들어보자.

KEEP (초록색 메모지에)
- 지루할 수 있는 교육 뒤에 마인드셋 활동을 배치하는 등 전체 강의 배치가 좋았음.
- 강연자 별도 대기실을 만든 것(뻘쭘하게 대기하는 것이 아니라 차분하게 마음을 가라앉히며 강연 준비를 할 수 있었음).
- 체크리스트를 팀원 전원이 크로스체크하여 빠짐없이 챙긴 것.

PROBLEM (빨간색 메모지에)
- 화면분배기를 구입했음에도 제대로 작동하지 않는 사례가 있었음.
- 최종 참가자 명단이 너무 늦게 확정된 것.

TRY (노란색 메모지에)
- 참가 기준을 정확히 정하고, 인사팀 협조를 통해 참가자 명단을 실시간 확인할 수 있도록 요청할 것.
- 리유저블 컵 제공, 종이 가방은 필요한 경우에만 지급.

프로젝트를 돌아보는 차원에서 처음으로 진행해보았는데 자꾸 팀원들이 자기비판과 반성을 적었다. "OO 파트에서 제가 일정을 놓쳐서 목표로 한 성과를 내지 못했어요" 같은 식이었다. 이것은 원칙에 맞지 않았다. 잘잘못을 따지자는 것이 아니라 문제를 해결하자는 것이 목적이니 말이다. 그래서 그런 포스트잇은 "일정을 놓치지 않기 위한 더블 체크 필요"와 같이 싹 바꿔 적게 했다. 물론 책임 소재를 분명히 해야 할 상황도 있다. 하지만 대부분의 경우 불필요하게 감정 에너지만 쓰게 한다고 생각했기에 내린 결정이었다.

> 전도력 키우기 4
> ## 피드백이 데이터베이스로 쌓이도록

여기부터는 조금 어려울 수 있다. 각자의 목표와 팀의 원칙을 공유했고, 이것을 개별 또는 프로젝트 단위로도 운영해보았다. 이다음 단계는 좀 더 체계적으로 관리될 수 있도록 '데이터베이스^{DB}'화하는 것이다. 사람의 기억은 생각보다 훨씬 유한하다. 누적되고 관리되지 않으면 딱 그때만 쓰일 수 있지 않나. 이걸 DB로 만들어두면 개인에게는 자신의 성장 목표를 잡는 데에 도움이 될 수 있다. 예를 들어 연초에 받았던 피드백부터 시계열로 리뷰해보면 다음 해 자신의 목표가 보인다. 프로젝트 베이스도 마찬가지다. 피드백 DB는 유사한 상황에서 시행착오를 줄일 수 있다. 예를 들어 다른 팀과의 협업이 많았던 프로젝트에 대한 피드백이 쌓였다고 가정해보자. 이를 함께 보며 다른 협업 프로젝트에서 리스크를 최소화할 수 있다. 기록은 우리가 생각하는 것보다 힘이 세다.

모두가 모두에게 〈양방향 라이브 피드백〉

콘셉트: "서로에게 피드백해요."
난이도: ★★★☆
한 줄 설명: 하나의 표 안에 서로가 서로에게 양방향 피드백을 쓰게 한다.
소요 시간: 30분
추천 주기: 분기별 혹은 반기별, 시간이 없다면 연말에라도

주의할 점은 다음과 같다.
① 모두가 모든 내용을 한 판에 볼 수 있게 하나의 표 안에 적는다. '모두가' 적을 때 머뭇거리지 않고 적을 수 있다(다음 표 참고).

	팀원 A가	팀원 B가
팀원 A에게	-	3분기에 디자인 업무가 너무 몰려서 놓치는 부분이 여럿 있었어요. 생성형 AI를 활용하면 작업 시간을 꽤 줄일 수 있을 것 같아요. 마침 제가 들었던 AI 교육이 꽤 만족스러워서 필요하시면 정보 공유할게요.
팀원 B에게	OO 프로젝트에서 일정이 지연되는 경우가 종종 있었어요. 이럴 때 아이젠하워 매트릭스를 데일리로 써보면 도움 될 것 같은데, 제가 일대일 과외해드릴 수 있어요!	-

② 개선 방법과 도움 줄 수 있는 부분을 함께 이야기한다.

진행 방법은 다음과 같다.

① 표의 열과 행에 팀원들의 이름을 적는다.

② 서로가 서로에게 피드백을 적는다.

③ 돌아가며 이야기한다.

④ 마무리하면서 서로 감사의 말을 전한다.

이 제도는 구성원 간의 깊은 신뢰와 솔직함, 심리적 안전감이 뒷받침되어야 한다. 모두가 모두에게 피드백하는 내용이 투명하게 한 바닥에 적히기 때문이다. 만약 누구 하나라도 '내가 이렇게 피드백하면 OO이 감정적으로 대응할 텐데'라는 식으로 눈치를 본다면 이 제도는 성공적일 수 없다. 그런 분위기가 도미노처럼 번지면 모두가 솔직하지 못하게 되고, 자연스럽게 받은 피드백에 대해 가드를 올릴 수 있다. 하지만 제대로만 작동된다면 서로의 관점 차이를 이해하는 데에 더없이 효과적이다. 한번은 A와 B가 같은 표 안에서 서로에게 이런 피드백을 동시에 남겼다.

A가 B에게: "협업 프로젝트에서 맡은 파트의 일정 공유를 더 자주 해주면 좋겠어요. 그래야 다음 업무를 좀 더 예측 가능하게 준비할 수 있을 것 같아요."

B가 A에게: "저의 속도가 100이라면 A는 120인 것 같아요. A가 빠르게 진행하는 것을 보며 많이 배우지만, 저는 아주 빠르진 않더라도 디테일을 챙기고 있다는 점을 말씀드리고 싶어요."

두 피드백을 동시에 읽고 A와 B는 서로의 일하는 방식을 좀 더 이해하게 되었다며 입을 모았다. A는 예측 가능성이 중요했고 B는 디테일에 집중했다. 일방향으로 피드백할 때보다 열어놓고 양방향 피드백을 했기에 가능했던 인사이트였다.

전도력 키우기 5
피드백 효과를 직접 확인하도록

첫 번째 제도를 소개할 때 피드백을 듣고 수용하는 것이 '나를 위해 좋은 일'이라는 프레임을 만들어보자고 제안했다. 마지막으로 소개할 다섯 번째 제도는 이와 관련이 있다. 피드백을 수용했을 때 어떤 성장과 변화가 일어났는지를 직접적으로 보여주는 것인데, 쉽게 말해 '중간 보고'에 해당한다. 단, 뒤에서 부연하겠지만 다소 난도가 높다. 솔직하게 자신의 치부를 드러내야 하기 때문이다.

분기별로 점검하는 〈OO의 약속〉
콘셉트: "지금 이렇게 노력 중입니다."
난이도: ★★★★
한 줄 설명: 개인이 피드백으로 받은, 개선이 필요한 부분에 대해 분기별로 어떤 노력을 하는지 보고한다.
소요 시간: 20분
추천 주기: 분기별 혹은 반기별

    진행하면서 주의할 점은 뭉뚱그려서 설명하지 않고 개선이 필요한 부분을 분류하고 항목화하여 이에 대한 노력을 분명하게 적어야 한다는 것이다.

진행 방법은 다음과 같다.
① 받은 피드백 중에 자신이 판단하기에 가장 개선이 필요한 문제를 항목별로 정리하고 어떤 노력을 기울였는지 기록한다.
② 분기별 팀 워크숍에서 한 꼭지로 발표한다.
③ 마무리하면서 피드백해준 팀원들에게 감사의 말을 전한다.

피드백에서 도출한 문제	1분기의 노력
팀원들에게 업무 일정을 공유하여 예측 가능성 부여하기	메신저로 출근 보고할 때 오늘의 주요 To-do를 함께 기록하고 있습니다.
외부 자원을 적절하게 활용하여 업무 공수를 효율화하기	외부 협력사 네트워크를 만들기 위해서 유관 부서와 함께 3회 미팅을 진행했습니다.
업무 로드를 고려해 적절하게 동료와 R&R 나누기	화요일마다 다음 주 업무 로드를 측정하고 20퍼센트 이상 넘어가면 동료들에게 SOS를 요청하고 있습니다.

어렸을 때 KBS 프로그램 〈남북의 창〉에서 북한 공산당원이 자아비판을 하는 장면을 본 적이 있다. 정확하게 장면은 기억나지 않지만 무척 공포스럽고 경직된 모습이었다. 우습게도 피드백에 대해 공부하며 그 제도 자체는 꽤 의미 있다는 생각을 했다. 자신이 받은 피드백을 성찰하고 이에 대해 향후 어떤 노력을 할지를 천명하는 기회가 아닌가. 물론 전제가 필요하다. 자신의 의지로 해야 하며, 그 목적이 나와 팀의 발전을 위한 것이어야 한다.

굳이 이 이야기를 꺼낸 까닭은 이 제도를 시행하면서 처음엔 나도 그런 공포를 느꼈기 때문이다. 매년 시행하는 리더 피드백에서 내가 개선해야 할 부분을 인지했고, 그 노력을 분기별로 점검하겠노라고 내가 먼저 제안했다. 그렇게 해야 실무에 치여 뒷전이 되지 않을 거라고 생각했기 때문이다. 하지만 실제로 첫 번째 리포트를 준비하며 그 결정을 후회했다. 가장 연차가 많은 리더로서, 내가 이만큼 부족하고 완전하지 않다는 사실을 반복해서 말하는 건 결코 쉬운 일이 아니었다.

하지만 꼬박 2년을 운영하고 난 지금은 참 잘한 결정이라고 생각한다. 실수하고 부족한 게 부끄러운 것이 아니라, 더 나아지려고 열심히 듣지 않는 게 부끄러운 일이라는 내 말이 공수표로 끝나지 않도록, 그 말에 걸맞은 사람이 되기 위해 끊임없이 나를 다잡게 만들었기 때문이다. 부디 팀원들에게도 그런 메시지가 전해졌길 바란다.

피드백 선순환의 기본 조건, 감사

자, 이렇게 여덟 개의 제도를 소개해보았다. 눈치 빠르신 분은 찾았을 것도 같은데 여덟 가지 제도에는 한 가지 공통점이 있다. 항상 '피드백해준 것에 대한 감사'로 마무리된다는 점이다. 이건 단순한 인사치레가 아니다. 고맙다고 말하는 순간, 상대는 자신의 기여가 의미 있었다는 '공헌감'을 느끼게 된다. 앞으로 '이런 말까지 써도 되나'라며 눈치를 살피지 않을 수 있다. 그래서 다음에 또 편하게 피드백하게 된다. 더 자세히, 더 진심을 담아서 말이다.

내가 일하는 조직에서 이 선순환이 문화로 자리 잡았음을 느낀 적이 있다. 얼마 전 회사 단체 채팅방에서 한 명이 다소 심각한 피드백을 했다.

"'모야모야병은 정말 모야모야'라는 농담이 오간 것에 대해 말씀드리고 싶은 게 있습니다. 우선 죄송합니다. 웃음이 오가는 데에 찬물 끼얹는 것 같기도 하고 맥락상 농담인 것도 알고 있습니다. 하지만 병명을 가지고 농담하는 것은 지양해주셨으면 좋겠습니다. 요런 느낌이에요. '다운증후군은 뭐야, 기분 다운다운?' 이렇게 말씀드리는 이유는 이런 말을 저를 포함한 우리가 모두 무의식중에 할 수 있기 때문입니다. 모두가 함께 생각해보면 좋은 지점이라 판단했어요. 무엇보다 우리 회사는 다른 곳보다 소수자를 존중하는 감수성이 높다고 느껴 조심스럽게 의견을 내봅니다."

한 구성원이 '모야모야병은 정말 모야모야'라는 말장난을 한 것에 대한 피드백이었다. 글에서도 느껴지듯 그는 '이런 말 하면 예민하다는 이야기 들을까 봐', '괜히 분위기 싸해질까 봐' 망설였던 듯하다. 활발하던 채팅창에도 잠깐 침묵이 흘렀다. 하지만 이내 많은 이들이 답글을 쓰기 시작했다. 그 시작은 하나같이 '알려줘서 고맙습니다'라는 말이었다. 그 순간 피드백에 대한 반응이, 결국 좋은 피드백을 만든다는 사실을 다시금 확신할 수 있었다.

묻고 싶다. 누군가 이런 피드백을 했을 때 당신은, 그리고 당신의 조직에선 어떤 일이 벌어질까?

ooo

말씀해주셔서 감사합니다.
조심해야 하는 것이 당연히 맞는 것이고 저도 생각이 짧았던 것 같습니다.
앞으로는 더 조심하겠습니다.

△△△

얘기 꺼내기 힘드셨을 텐데 감사합니다.
안 그래도 아까 보험 올려주신 것 보고, 첫째 뱃속에 있을 때 태아보험 세부 항목 뜯어보면서, 가능성이 매우 낮지만 실제로 걸렸을 경우 타격이 엄청나게 충격적일 만한 질병이 많다는 걸 알고 남편과 숙연한 마음이 들었던 기억이 났었는데요.
크게 아프지 않고 다치지 않고 건강하게 잘 살고 있는 게 매일 매일 반복되는 기적의 연속인 것 같다는 생각을 자주하면서도 또 매 순간 쉽게 잊어버리는 것 같아요.
또 이렇게 되새기며... 감사합니다.

ㅁㅁㅁ

정말 이렇게 생각하고 지적해주시는 분이 곁에 계셔서 행복해요.
물론 저 때문에 언짢으셨던 것은 너무너무 죄송합니다 ㅠㅠ
하지만 부족한 저에게 이런 코멘트는 너무너무 감사해요...
저도 의식적으로 조심하려고 하고, 어디에선가 누군가에게 용기 있게 알려줘야겠다 싶어요.

피드백 해준 것에 대한 감사 표현

"피드백을 품위 있게 주고받는 태도가
당신의 브랜드를 만든다."

나가며

'이렇게까지 해야 하나' 싶은 당신에게

당신은
어떤 브랜드이고 싶은가?

긴 이야기가 마무리되었다. 여기까지 읽은 분 중 누군가는 이런 생각을 하고 있을지도 모르겠다. '굳이 이렇게까지 해야 하나?'

당연히 아니다. 꼭 이렇게까지 할 필요는 없다. 다만 이렇게까지 했을 때 생각보다 멋진 일들이 당신 앞에 펼쳐진다. 마침 좋은 예가 있어 소개한다. 작년 말, 식품 스타트업에서 일하는 중학교 동창이 들려준 이야기는 웬만한 드라마보다 훨씬 흥미로웠다.

팀장 A와 B가 있었다. 둘 다 직무 전문성이 뚜렷해서 창립 초기에 스카우트된 사람들인 만큼 업무 역량은 비슷했지만,

태도는 극명하게 달랐다.

A는 엘리트 코스를 밟은 영향인지 커뮤니케이션이 고압적이었다. 회의 시간에 상대의 말을 무 자르듯 쉽게 잘랐고 기한을 어기거나 기대에 못 미치는 팀원은 용납하지 않았다. 철두철미한 일 처리 덕에 성과는 화려했다.

B는 눈에 띄지 않는 리더였다. 스펙이 화려하지도 않았고, 지원부서의 리더였기 때문에 화려한 성과로 주목받는 것도 아니었다. 구성원들이 그를 찾는 건 주로 도움이 필요하거나 고민이 있을 때였다. 그때마다 B는 사람들에게 아낌없이 시간을 내주었고, 말을 옮기거나 섣불리 조언하는 일도 없었다.

자, 여기까지 이해했다면 한번 정의를 내려보자. 이 둘은 과연 '어떤 브랜드'일까?

이 책의 맨 앞에서 말한 것처럼 우리는 모두 저마다의 고유한 브랜드를 지닌 존재다. 그리고 이 브랜드는 어느 날 갑자기 만들어지는 것이 아니라, 일정한 과정을 거쳐 서서히 형성된다. 그 단계는 크게 세 단계로 이루어진다.

1단계 일관되게 행동한다.

(예) 룰루레몬이 캠페인을 통해 '다양한 체형의 모델핏'을 보여준다.

2단계 상대가 인지한다.

(예) 필라테스에 진심인 30대 여성 A, '룰루레몬=보정력 좋음'이라고 인지한다.

3단계 상대가 행동을 바꾼다.

(예) A는 단골이던 나이키 대신 룰루레몬에서 운동복을 구입한다.

앞에서 언급한 A와 B에 브랜드가 만들어지는 세 단계를 대입해보자.

1단계 일관된 말과 행동을 반복한다.

A는 팀원의 실수에 미간을 찌푸린 채 얕은 욕설을 뱉는 일도 잦았다. 부족한 팀원은 가차 없이 내쳤다. 그런 태도는 동료, 팀원들에게 피드백을 들었을 때도 마찬가지로 발현됐다. 상대의 말을 끊으며 "됐고", "알겠고요"라는 말을 자주 썼다.

B는 상대가 의견을 제시하면 주로 노트에 적었다. 이해하기 위해 꼬리 질문(후속 질문)을 하는 일이 많았다. 한참 어린 팀원에게도 하대하는 법이 없었다. '덕분에'라는 표현을 유난히 자주 썼다.

2단계 상대가 인지한다.

A는 고압적이야. 팀원을 수단으로 생각해. 잘되면 자기 덕인 사람이야. 다른 사람의 피드백엔 벽을 쳐.

B는 동료를 존중하고 늘 귀 기울여 들어. 공이 생기면 동료들에게 돌려. 어떤 이야기든 새겨들으려 해.

3단계 상대가 행동을 바꾼다.

이 둘에겐 어떤 일이 생겼을까?

드라마는 이제부터 시작된다. 비슷한 시기에 A와 B 모두에게 악재가 생긴 것. 한 달 정도 시차를 두고 익명 게시판에 두 명의 이름이 거론됐다. 첫 번째 게시글은 A의 고압적인 태도 때문에 퇴사를 고민하고 있다는 내용이었다. A의 이니셜만 거론되었지만 읽은 사람 모두가 그라는 사실을 알았다. 두 번째 게시글은 B가 속한 팀의 일 처리에 대한 항의성 글이었다. 미숙한 일 처리에 대해 문제를 제기하며 대놓고 B의 책임을 거론했다. 원래 세상에서 제일 흥미로운 게 남의 싸움 구경이라 했던가. 두 글의 조회 수는 가히 폭발적이었다. 하지만 반전은 두 글에 달린 댓글 양상이었다.

A의 글에 댓글이 50개 넘게 달렸다. 여론은 확실히 한 방향

이었다. 일관되게 그와의 업무 과정에서 느꼈던 감정을 이야기했다. '나만 그런 게 아니었네?' 싶은 묘한 안도감은 점점 더 많은 댓글을 달리게 했다. 직원 수 100명이 채 안 되는 조직에서 댓글이 50개가 넘어가자 CEO에게 보고됐다.

B의 글에는 딱 세 개의 댓글이 달렸다. 첫 번째 댓글은 '그런 일이 있었어?' 정도의 관심이었고 두 번째 댓글은 '그럴 수도 있지. 작은 실수를 너무 크게 부각시킨 건 아닌지 생각해보자'는 내용이었다. 세 번째 댓글은 '아, 배고프다. 오늘 저녁 뭐 먹냐'라고 쓰여 있었다. 그게 끝이었다. 그 후로 한동안 두 번째 댓글에 '좋아요'는 꾸준히 늘었다.

A와 B 둘 다 위기를 맞았지만 사건의 전개는 전혀 달랐다. 결국 B가 오랜 시간 쌓아온 말과 행동, 즉 그 브랜드가 B를 위기에서 지켜냈다. A는 정확히 그 반대였다. 그의 브랜드가 만들어지는 과정에서, 피드백을 듣고 받아들이는 태도가 중요한 역할을 했다고 생각한다.

자, 이제 다시 질문을 던질 차례다. 당신은 어떤 브랜드가 되고 싶은가.

이 고민을 돕기 위해 내가 자주 던지는 질문이 있다. 바로 퇴사하는 날 아침을 상상해보라는 것. 우리는 언젠가 조직을 떠난다. 퇴사를 할 수도 있고 폐업, 퇴직을 할 수도 있다. 어쨌거나 이 조직에서의 마지막 날은 반드시 온다. 그날 당신은 묘한 기분으로 커다란 박스에 짐을 담게 될 거다. 그때 동료가 다가와 당신에게 작은 쪽지를 건넨다. 거기에 이렇게 적혀 있다.

"OOO 님은 제게 _____ 동료로 기억될 것 같습니다."

빈칸에 어떤 말이 적혀 있길 바라는지 묻고 싶다. 아무리 생각해도 '엑셀의 신,' '연 매출 1천억 원의 주인공' 같은 표현이 적히지는 않을 것이다. 많은 경우 빈칸을 채우는 건 업적이나 기술이 아니라 동료들이 기억하는 당신의 태도다. 당신은 어떤 태도를 가진 동료로 기억되고 싶은가? 그 목표는, 당신이 동료의 피드백을 들었을 때 보이는 태도와 말, 행동을 바꾸는 강력한 힘이 된다.

내일부터
어떤 말과 행동을 해야 할까?

축구계에 레전드로 남은 선수가 후배들에게 물었다.
"여기서 해외 진출해보고 싶은 사람?"

거의 모두가 손을 들었다. 다시 물었다.

"여기서 영어 공부 하는 사람?"

아무도 손을 들지 않았다.

"어제와 똑같이 살면서 다른 미래를 기대하는 것은 정신병 초기 증세다." 아인슈타인이 했다고 전해지는 이 말 역시 같은 맥락에서 이해할 수 있다.

그렇다면 물어보자. 그 한 줄을 위해 지금의 나는 어떤 말과 행동을 반복해야 할까? 여기까지 생각이 미치자 문득 궁금해졌다. 나는 평소에 어떤 말과 행동을 반복하는지 팀원들에게 물어봤다. 무엇보다 팀원들의 생각이 궁금했다. 나름 노력하는 리더라고 자부했으니 좋은 소리를 들을 거라 내심 기대했다. 그런데 그들의 대답은 내 예상 밖이었다.

"팀장님이 제일 자주 쓰는 말은 '잠시만요'예요."

"흠… 피드백 들었을 때요? 일단 예전엔 미간을 자주 좁히셨고… 지금은 자꾸 말을 끊고 항변하고 싶어 하는 게 느껴져요. 입술을 옴짝달싹하시거든요."

"피드백하면 팀장님은 자꾸 허공에 손가락으로 지휘하듯 뭘 그리세요. 듣긴 들으시는데 머릿속으로는 아이디어를 기획하고 계신 거죠. 처음엔 좀 당황했는데 이젠 그러려니 해요."

팀원들은 한술 더 떠 내가 그 말을 하는 상황을 흉내 내기까지 했다. 내가 책상에 앉아 있고, 물어볼 게 생긴 팀원들이 "팀장님!" 하며 다가온다. 그러면 미간을 찌푸린 채 모니터를 뚫어지게 응시하던 거북목 팀장은 고개를 돌리지도 않은 채 다급하게 말한다.

"잠시만요."(=지금 나 집중하고 있으니까 방해 금지. 이따 이야기해.)

내가 기대하던 그림과는 영 딴판이었다. 아니, 정반대에 가까웠다. 이게 우리의 현실이다. 늘 도움이 되는 존재가 되고 싶다고 생각하면서도 추가로 할당된 업무에 툴툴댄다. 늘 성장하고 배우는 동료로 기억되고 싶다고 말하지만 사내 교육 출석률은 엉망이다. 그렇게 우리는 생각하는 대로 살지 않아서 사는 대로 생각하게 된다. 생각하는 대로 살기 위해 나는 피드백을 들을 때의 Do와 Don't do를 적어 내려갔다.

(Do) 불편한 의견도 일단 적는다.
(Do) 이해되지 않을 땐 판단하기에 앞서 이유를 물어본다.
(Do) 내가 미처 알지 못하는 맥락과 정보가 상대에게 있다

고 믿는다.

(Don't do) 들으면서 머릿속으로 딴생각하지 않는다. 특히 손가락 지휘 금지.

(Don't do) 아무리 답답해도 면전에서 한숨을 쉬지 않는다.

(Don't do) 피드백하는 방법에는 부족함이 있을지언정 상대의 진심은 의심하지 않는다.

막상 적고 보니, 나만 애쓰는 것 같아 억울하고 허무하게 느껴질 수도 있다. 하지만 오해하지 말자. 이건 단순히 착하게 굴거나 둥글게 잘 어울리라는 말이 아니다. 결국 이 모든 노력은 '나를 위해서'로 귀결된다.

잠시 단어 몇 개를 들여다보자.
위선, OO 척, 눈치

보기만 해도 부정적 뉘앙스가 강하게 느껴지는 단어들이다. 그런데 난 이 단어들이 꽤 좋다. 그 안에서 '노력'이 느껴지기 때문이다. 착하게 태어나지 않은 사람도 착한 척하나 보면 착해진다. 사람들이 착해진 것처럼 보이는 나의 모습을 칭찬해

주고 격려할 테고 그러다 보면 점점 더 착한 모습으로 사는 시간이 길어지지 않나. 눈치도 마찬가지다. 눈치는 배려의 또 다른 이름이다. 상대의 마음을 상하게 하지 않으려 노력하는 거다. 그 마음을 느낀 몇몇 상대방은 고마움을 표현할 것이고, 그런 시간이 쌓이다 보면 진짜 배려가 무엇인지 알게 될 수도 있다. 즉, 지금의 내가 어떻고 말고를 떠나 내가 되고자 하는 모습으로 '척'해보자는 것이다. 달궈진 감정을 냉각하는 척, 펜을 들고 적어보는 척, 내 아킬레스건을 먼저 들여다보는 척, 상대방의 이유를 찾으려 애쓰는 척.

고백하건대 이 책도 '척'하기 위해 썼다. 아직도 수없이 흔들리지만 내 삶에 긍정적인 영향을 끼쳤던 그분들 비슷하게라도 되어보고 싶어서 그런 '척'했다. 이렇게까지 이야기를 늘어놓았는데 정작 내가 그렇게 살지 않으면 너무 민망한 일 아닌가.

땡스 투 피드백, 결국 나 좋자고 하는 일

한 작가님의 강연을 들은 적이 있다. 인생의 터닝 포인트로 직장 상사와의 만남을 꼽으며 그가 했던 표현이 인상적이었다.

'명백한 행운.'

나도 그랬다. 나는 지난 16년간 '안전한 공동체'를 경험했다. 이 책을 쓰며 나의 행운을 다시 한번 절감했다. 그동안은 명확하게 인식하지 못하고 살았지만 '안전한 공동체'의 처음과 끝은 피드백이었다. 신입사원의 허무맹랑한 아이디어에도 무시하거나 타박하는 대신 현실 가능성을 함께 고민하며 피드백을 건네준 선배들이 있었다. 덕분에 나는 그들에게 단지 순간의 성과로만 평가되지 않는다는 믿음을 갖게 되었다. 내가 직장인 사춘기를 겪을 즈음 잔뜩 날 선 피드백을 건네도 튕겨내는 대신 함께 고민해준 동료 또한 한둘이 아니었다. 후배들, 우리 팀원들은 또 어떤가. 이 친구들은 나의 피드백을 한순간도 허투루 듣지 않았다. 아픈 적도 있었을 텐데 그랬다. 팀장님 덕분에 더 잘할 수 있게 되었다며 미소 짓는 그들을 보며 나는 더 좋은 피드백을 주기 위해 고민을 거듭했다.

그뿐만이 아니다. 나도 피드백을 더 잘 듣고, 더 잘 써먹고 싶어졌다. 듣는 귀의 힘을 제대로 알려준 건 어찌 보면 내 팀원들이다. 물론 늘 순탄하기만 했던건 아니다. 우리는 때로 무례한 피드백을 했고, 때로 그것을 받아들이지 못한 채 오해 속에서 시간을 허비하기도 했다. 하지만 이내 서로를 돕기 위해 다시금 만났다. 내가 피드백에 대해 침 튀거기며 이야기하게 된 것은 그때의 경험이 준 확신 때문이다.

이 글을 읽고 있는 당신의 경험을 묻고 싶다. 당신은 안전한 공동체를 경험해본 적이 있는가.

어릴 적 숱하게 깬 그릇에도 "괜찮아. 다치지 않았잖아"라고 말한 엄마일 수도 있고, 모의고사 성적에 낙담했을 때 같이 오답을 풀어보자던 선생님일 수 있다. 민망할까 싶어 망설이다가 고춧가루 꼈다고 알려줬더니 '네 덕에 살았다'며 떡볶이를 사주던 친구는 어떤가. 그 순간의 느낌을 곱씹어보자. 그때 느꼈던 안전함이 지금 우리 조직과 팀에서도 느껴진다면 어떨까? 어떤 이야기를 해도 무지하다고 타박받지도, 의견이 다르다고 질타받지도 않는, 무슨 그런 이야기를 하냐며 무시당하지도 않는 그런 안전한 팀 말이다.

내가 일하는 회사의 대표님이 예전에 이런 말씀을 하신 적이 있다. 내가 원하는 그 완벽한 팀은, 찾는 것보다 그런 팀을 만드는 게 더 빠를 거라고. 옳은 말이다. 찾아 헤맬 시간에 우리는 만들 수 있다. 그리고 나는 그런 팀을 만들고 싶어서 이 책을 썼다. 피드백을 잘 듣고 써먹고 있어서 쓴 게 아니라 그렇게 되겠노라 약속하고 싶어 쓴 책이다.

하지만 아뿔싸. 이 책을 거의 다 쓸 무렵에 나는 동료의 피드백에 발끈해버렸다. 그만 감정적으로 대응했고, 후회가 밀려왔다. 하지만 이내 정신을 차렸다. 내가 쓴 내용 하나하나가 그 시간을 크게 줄여줬다.

그게 다 이 책 덕분이다. 여기까지 읽은 분들에게도 이 책이 도움이 되면 좋겠다.

안전한 팀을 만들고 싶다는 꿈을 갖게 해준 나의 리더와 팀원들에게도 감사한다.

마지막으로 하고 싶은 이야기가 있다. 작년에 한 팀장님을 뵌 적이 있다. 나도 꽤 열심히 듣는 리더라고 생각했는데 그분은 나보다 몇 단계 위였다. 게다가 그 과정을 즐기는 것처럼 보였다. 그래서 부러운 마음에 질문했다. 비결이 무엇이냐고, 타고난 그릇이냐고. 그분의 답은 이랬다.

"나 좋은 일로 만들면 돼요. 사람 마음이 그렇잖아요. 하기 싫은 거 억지로 하라고 하면 그게 오래 못 가잖아요. 하지만 피드백 듣는 게 팀원 좋은 일, 팀 좋은 일 말고 나 좋은 일로 만들고 그 이유를 곱씹으면 그 과정이 즐겁지 않을 수가 없어요. 팀장님도 그렇지 않나요? 그래서 의식적으로 생각해요. 내가 아픈 피드백을 듣고 곱씹어서 훅 성장했던 일들, 팀원들도 덩달아 자세가 달라졌던 일들을요."

맞다. 피드백을 다르게 들으며 나는 조금씩 괜찮은 사람이 되어가고 있음을 느낀다. 혹시 온갖 과제와 역경으로 가득한 세상에 '피드백 듣기'라는 임무가 하나 더 얹어진 것처럼 느껴진다면, 그 점만은 꼭 짚어 바로잡고 싶다. 이 책은 결국, 나 좋자고 읽는 책이다. 피드백이 언제나 반갑기만 하진 않겠지만 그 아픔을 넘어서 우리는 분명 더 나아질 수 있다. 아픈 피드백마저 고맙게 듣는 사람은 반드시 잘된다. 여기가 나의 끝이 아니라는 단단한 마음이 있다면 우리는 그렇게 될 수 있다.

> 부록

올리부 서은아 작가와의 인터뷰 전문

'응원대장 올리부'라 불리며 많은 이에게 위로와 공감을 전하는 서은아 작가와 피드백에 관한 이야기를 나누었다. 닮고 싶은 어른으로 불리기도 하는 그는 팀장으로서 피드백을 어떤 방식으로 전하는지 궁금했다. 사회 초년생 시절, 그 역시 분명히 상처가 되거나 부정적인 피드백을 접했을 텐데, 그것을 어떻게 받아들이고 극복했는지도 알고 싶었다. 무엇이 지금의 모습으로 그를 성장시켰을까.

이윤경: 제 책을 읽어보고 어떠셨는지 궁금해요.

올리부: 재미있었어요. 특히 대응 매뉴얼이 구체적으로 제시되어 있어 인상적이었어요. 피드백을 주고받기 어려워하는 사람들이 적지 않은데, 이 책이 실질적인 도움을 줄 수 있을 것 같아요.

이윤경: 팀장으로서 팀원들에게 피드백할 때 나름의 원칙이나 방법이 있을 것 같습니다.

올리부: 회사 생활을 한 지 28년째인데 그중 팀장 역할을 맡은 지는 25년이 넘어갑니다. 운이 좋았다고 생각하는데, 커리어 초반부터 작은 회사에서 일을 시작하고 곧이어 창업한 덕에 앞서서 끌고 가는 역할을 일찍부터 맡게 되었습니다. 어려서부터 리더의 자리가 익숙하기도 했고요. 세 딸 중 장녀인 데다가 학창 시절 내내 반장을 도맡아 했죠. 그런 만큼 팀장 역할도 잘할 수 있을 거라 자신했는데, 큰코다친 적도 많았습니다. 팀장이 해내야 할 역할 중 특히 피드백을 주고받는 과정은 늘 어려웠습니다. 때론 상처받기도 하고 때론 주기도 했죠. 그때 얻은 배움이 지금의 피드백 원칙이 됐습니다.

제가 피드백할 때 중요하게 여기는 원칙은 '상대의 성장을 늘 전제로 한다는 점을 잊지 않는 것'입니다. 업무 관련 피드백에 대해 여러 사람과 이야기를 나누다 보면, 감정 섞인 모욕이나 근거 없는 비난을 겪은 경우가 많았습니다. 그 내용이 무엇이건 간에, 감정이 앞선 피드백은 절대 해서는 안 된다고 생각해요.

또한 피드백을 받는 입장에서도, 그 내용을 무조건 수용하기보다는 건강한 조언인지 스스로 판단하고 분별하려는 태도가 필요합니다. 피드백을 수용할지 말지는 자기 자신에 대한 이해와 내면의 소화를 바탕으로 스스로 선택해야 하죠. 피드백을 주는 사람도 상대방 입장에서 그 내용을 한 번 더 곱씹어 보아야 합니다.

예를 들어 같은 내용의 피드백을 여러 번 했다고 쳐요. 그런데도 개선되지 않고 또다시 상황이 반복된 경우를 생각해보세요. 만약 "몇 번을 이야기했는데도 왜 안 되는 거야?"라는 말이 불쑥 올라온다면 그 순간 잠시 멈추어야 합니다. 그리고 그 피드백을 내 상황에 대입해보는 게 좋습니다. 그러면 그 피드백의 중심이 조금 달라져요. 피드백을 전하는 방식을 바꿔보거나(말 대신 문서로 전달하거나, 액션 아이템으로 정리해주어 기억하고 확인하기 쉽게 바꿔보는 것이다), 또는 지적하는 부분이 상대방 혼자서 해결하기 어려운 문제는 아닌지, 그 문제 외에 다른 어려움 때문에 개선되지 않는 건 아닌지, 구체적인 해결책을 함께 고민하는 자세로 피드백해야 합니다. 피드백은 상대방을 평가하는 것이 아니라, 그 사람이 좀 더 나아지고 성장할 수 있도록 돕는 과정이니까요. 그 과정을 함께하는 것이 팀장의 역할이라고 믿습니다.

이윤경: 올리부 님의 피드백에는 따뜻한 마음과 언어가 전제되어 있어서 듣는 사람한테 더 다정하게 느껴졌을 것 같네요. 자신이 그런 만큼 다른 사람에게서 날카로운 피드백을 들었을 땐 어떤 느낌이었나요? 올리부 님은 사회 초년생일 때 아픈 피드백, 온도가 다른 피드백을 어떻게 다뤘는지 궁금합니다.

올리부: 저 역시 부정적인 피드백, 아픈 피드백을 종종 받으며 성장했습니다. 많이 울기도 했고, 속상했고, 원망할 때도 있었고, 서운해하기도 했죠. 그럼에도 불구하고 그 마음들, 그 순간들이 나에게 어떻게 남아 있는지를 떠올려보면, '내가 나를 포기하지 않겠다는 마음'이 그런 감정들보다 더 컸던 것 같습니다. 중요한 성장의 밑거름이 될 부분에 집중하며, 아픈 피드백을 스스로 소화해냈습니다. 사람들이 종종 "어떻게 그렇게 긍정적이고 밝냐"라고 물어보는데, '원래 그런 성격'이 아니라 '내 삶을 밝고 긍정적으로 보고자 하는 의지' 덕분이라고 대답하곤 합니다. 내 삶을 온전한 방식으로 사랑하겠다는 의지가 뇌의 긍정 회로를 돌리고 밝은 마음을 유지하게 해주죠. 아픈 피드백을 받은 순간일수록 그 말에 담긴 본질과 근본적인 것들을 해석하고 이해하려고 애씁니다. 서운하고 속상한 마음이 앞서면 그 감정의 소용돌이 밖으로 나를 꺼내기 위해 최선을

다하는 거죠. '이 피드백에도 마땅한 이유가 있겠지'라는 생각으로 마음을 진정시킵니다. 피드백을 주는 사람 역시 자신의 소중한 시간과 에너지를 들여 나에게 조언을 건넨 것이라는 점을 먼저 떠올립니다. 그리고 이 피드백의 시작과 끝을 떠올리며, 이 경험이 나를 어떻게 변화시킬지를 생각합니다. 그렇게 나를 또 한 걸음 성장의 방향으로 끌고 갑니다. 피드백을 담담히 받아들이고 그로 인해 더 나아질 나의 미래를 온전히 누리기로 결심합니다.

이윤경: 올리부 님의 책에 있는 문장 중 "담대하고 의연한 어른이 되고 싶다는 다짐"이라는 부분을 개인적으로 열 번 정도 반복해서 읽었습니다. '의연'이라는 단어가 올해 제 삶의 키워드였는데, 올리부 님의 책에서 만나 더 찌릿했던 것 같습니다. 그 문장이 쓰이기까지의 여정이, 결국 올리부 님이 피드백을 수용하기 위해 쏟은 노력 그 자체이지 않을까, 생각했습니다.

또 "벽에 가로막혀 막막하던 마음을, 벽을 넘어서면 만나게 될 성장의 기쁨을 기대하는 마음으로 바꾸기로 했다"라는 문장도 인상적이었습니다. 저 역시 '피드백'이라는 벽을 넘어서는 것이 결국 자신의 삶을 성장시킨다는 이야기를 이 책에서 하고 싶었으니까요.

올리부: 윤경 님의 책을 읽는 동안 제 생각과 자연스럽게 연결되는 지점들을 자주 마주할 수 있어 반가웠습니다. 특히 피드백 그 너머를 바라보고 이야기하는 지점이 좋았습니다. 내게 뾰족했던 피드백들은 때론 벽 같기도, 때론 넘을 수 없을 것 같은 높은 산 같기도 했습니다. 그것을 넘어서야 비로소 성장할 수 있다고 스스로에게 종종 이야기하곤 했지요. 벽 앞에 무너져 주저앉아 있지는 말자고 수없이 다짐했죠.

그럼에도 여전히 어떤 피드백들은 어렵고 두렵습니다. 하지만 경험, 시간, 마음이 넉넉해진 지금은 예전보다 피드백을 이해하는 폭이 넓어졌습니다. 상대방이 마음과 시간을 들여 나를 진심으로 들여다봐 준 것, 그리고 망설였을지도 모를 그 순간을 지나 애써 그 말을 전해준 노력에 언제나 감사한 마음을 전합니다.

피드백은 단순한 말의 주고받음이 아니라, 나를 향해 마음을 열고 다가와 준 행동이라고 생각합니다. 그 진심이 느껴져 상대에게 감사를 전하고 나면 제 안에 조용한 용기가 차오르는 걸 느낍니다. '내가 조금 더 단단해졌구나', '앞으로 나아갈 힘이 생겼구나' 하는 생각이 들어 스스로가 기특하고 기쁩니다.

그래서 저는 피드백 앞에 설 때마다, 매번 마음가짐을 새로

이 다잡습니다. 때론 방어하고 싶고 외면하고 싶지만, 그 벽을 넘어서야만 만날 수 있는 성장의 지점들이 분명히 존재하기 때문입니다.

벽을 넘다 보면 이전에는 미처 보지 못했던 전혀 다른 광경을 볼 수도 있고, 산을 넘고 나서야 비로소 마주하게 되는 예기치 못한 풍경들이 있습니다. 그 과정에서 얻는 깨달음은 용기 있게 발을 앞으로 내딛는 이들에게 허락되는 선물이라고 믿습니다.

앞으로 또 어떤 고비와 교훈이 있을지 알 수 없지만, 저는 여전히 그런 순간들을 상상합니다. 그 너머에 있을 나의 가능성과 새로운 나를 기대하며, 때로는 두렵고 때로는 설레는 마음으로 오늘도 또 하나의 벽을 넘고, 하나의 산을 넘어가는 중입니다.

이윤경: 저는 올리부 님과는 다르게 조금 매섭고 단호한 리더에 가깝지만, 팀원들이 잘됐으면 하는 마음은 같습니다. 이 책을 쓰게 된 것도 한 팀원 때문이었습니다. 제가 나름대로 정제된 피드백을 해도 그는 잘 받아들이지 못했습니다. 거기엔 이유가 있을 거라 생각했고, 그걸 도와주고 싶은 마음이 계기가 되었습니다. 올리부 님에게도 그런 팀원이 있었을 것 같은

데요. 팀원과의 오해와 갈등 속에서 불필요하게 에너지를 소모한 적은 없는지, 있다면 어떻게 풀어갔는지 궁금합니다.

올리부: 사람마다 표현하는 말과 방식이 다른 것은 당연합니다. 일부러 상대방에게 상처 주고, 할퀴려고 마음과 에너지를 쓰는 것처럼 어리석은 일이 또 있을까요? 무언가 불편한 심리나 상황에 부닥치면 그 불편을 해결해 내가 얻고자 하는 바가 무엇인지를 생각해봅니다. 지금 이 피드백을 주는 것이 상대방을 괴롭히고 싶어서인지, 상대방이 좀 더 나은 방향으로 나아가길 바라는 마음에서인지를 스스로 돌아보는 거죠. 그러다 보면 자연스럽게 피드백이 다정하고 따뜻해지는 것 같습니다. 그렇다고 해서 칭찬이나 위로만 담기는 것은 아닙니다. 그 피드백이 상대방을 위하는 진심 어린 마음에서 비롯되었다는 믿음만 있다면 어떤 방식이든, 어떤 언어로 전해졌든 '좋았다!'라고 느낄 수 있지 않을까요? 따뜻한 음식, 차가운 음식, 달콤한 음식, 매운 음식 등 다양한 맛에도 우리가 '맛있다!'라고 느끼고 행복해하는 것처럼요.

'담백하게 하지만 다정하게'라는 저의 피드백 표현 방식에는 상처 주지 않기 위해 에둘러 이야기하는 것과는 다른 원칙들이 있습니다. 첫째로, 피드백할 때는 그 자리에서 즉각적으로 말을 꺼내지 않습니다. 불편함이 감지된 순간, 그 상황을 곱씹고, 정리하고, 객관화하는 과정을 거칩니다. 이를 일종의 피드백 프로세스라고 부를 수도 있겠죠. 어떤 상황이 이 이야기의 발단이고, 그 상황의 어느 지점이 어떤 불편함과 어려움을 초래했는지, 그런 상황이 발생하게 된 원인은 무엇이었을지를 진단하고 동시에 개선해나갈 방법을 제시할 수 있어야 합니다. 그리고 최대한 감정의 언어가 아닌, 이성의 언어로 담백하고 간결한 문장을 사용하고자 애씁니다. 그러기 위해서는 그만큼 철저한 사전 준비가 전제되어야 하죠. 어려운 피드백일수록 그 준비 과정이 더욱 묵직해집니다.

  두 번째로, 피드백을 주기 전 다시 한번 점검하는 과정을 거칩니다. 말의 온도가 따뜻하고 차갑고는 그리 중요하지 않습니다. 마땅히 필요한 내용인지, 무엇을 지향하는지에 대해 피드백을 주는 사람 역시 머릿속에 명확히 그리고 있어야 합니다. 혹시라도 나중에 '내 말은 그런 뜻이 아니'라며 다시 설명하지 않기 위한, 그리고 상대방이 명료하게 이해할 수 있게 하기 위한 저의 노력인 거죠.

  팀원의 성장을 위해 책을 쓰는 노고도 마다하지 않는 윤경 님의 그 마음 씀씀이가 올바른 피드백의 본질이라고 생각합니다. 그 본질을 기반으로 한 피드백은 무엇이든 좋을 수밖에 없죠!

이윤경: 그렇다면 일하면서 들었던 피드백 중에서 가장 아팠지만 그래도 크게 도움이 되었던 피드백이 있었나요?

올리부 기억에 남는 피드백 경험이 있습니다. 제가 속해 있던 조직에 새로운 리더가 합류했을 때 일인데요. 그 리더는 무척 조급해 보였습니다. 오자마자 한 일이 조직의 문제점부터 찾아내는 것이었죠. 흔히 리더들이 새로운 자리에 가게 되면 가장 먼저 느끼는 압박감 중 하나가 자신의 가치를 증명해야 한다는 부담인데요, 이를 위한 가장 빠른 방법이 본인이 있기 전과 후의 차이를 만들어내는 것으로 생각하죠. 기존의 문제를 지적하고, 그 문제를 조급하게 해결하려고 듭니다. 하지만 그런 시도는 기존 직원들의 앞선 노력과 시간을 부정하는 함정이 내포되어 있습니다. 결국 모두가 무척 괴로운 시간을 보내야 하죠. 리더 한 명 바뀌었을 뿐인데 열심히 살아왔던 조직원 모두의 시간이 무의미하게 치부되고 마는 거죠. "지금까지 도대체 뭘 했어요?"라는 리더의 날 선 피드백은 조직에 서서히 균열을 일으킵니다. 사람들의 불만은 늘어가고, 새로운 리더 또한 답답해집니다.

그 같은 상황에서 저를 비롯한 다른 직원들이 그 리더와 무척 진지한 피드백의 시간을 가졌습니다. 아직도 선명하게 남아 있는 그 피드백은 '우리의 시간을 존중할 것'이었습니다. 지금까지 최선을 다했던 구성원들의 앞선 노력을 부정하지 않고도, 이 조직이 성장할 수 있는 여러 방법을 함께 찾아보자고 이야기했죠. 그런 피드백을 전하면서 그 리더가 우리 마음을 어떻게 받아들일지 무척 조마조마했습니다. 어떻게 받아들이느냐는 온전히 그 리더 본인의 몫이니까요. 우리 피드백을 불평이 아니라, 함께 더 나은 조직으로 가기 위한 마음으로 이해해주기를 바랐습니다. 다행히 그 리더는 우리의 마음을 온전히 받아들이고 완전히 다른 방식으로 조직에 다가섰습니다. 그 뒤로 그와 함께한 시간 동안 우리는 어떻게 피드백을 서로 주고받으며 함께 성장을 열망할 수 있는지를 배울 수 있었습니다.

또 하나의 기억은 제 팀원에게 받은 피드백입니다. 저는 일을 좋아하는 사람입니다. 항상 맡은 업무를 좋아하고, 또 누구보다 열심이죠. 당시 새로 시작하는 프로젝트에 들떠서 팀원과 함께 그 일에 대한 기대를 이야기하는데 영 시큰둥한 팀원의 얼굴이 마음에 걸렸습니다. "신나지 않아?"라고 팀원에게 물었더니, "일을 더 하라는 이야기잖아요! 왜 팀장님은 우리가 좋아할 거라고 단정하시는 건가요?"라는 볼멘소리가 흘러나왔습니다. 그 호된 피드백이 나에게는 또 하나의 배움이 되었습니다. 어떤 결정에 앞서 나만의 기준으로 생각하지 않도록, 모두의 기준에 따라 결정하고 시작부터 함께 결정할 수 있는 자리를 내어줘야 한다는 사실을 깨달았습니다. 팀원들의 마음을 제 기준으로만 예단하지 않겠다고 결심했죠. 이처럼 좋은 피드백보다 오히려 마음이 덜덜 떨릴 만큼 낯설고 아프게 다가왔던 피드백들이 더 깊고 선명한 배움으로 남았습니다.

이윤경: 사회 초년생 시절, 부정적인 피드백을 받았을 때 '내 삶을 내버려 두지 않겠다'라고 생각하면서 자신에게 어떤 이야기를 많이 해주었는지 궁금합니다. 또 지금까지 쓰라린 피드백을 받으며 자존감이 낮아지고 상처받은 독자들에게 전하고 싶은 응원의 메시지가 있을까요?

올리부: "자존감이 낮아요"라고 말하는 친구들을 만나면 저는 "그럼, 이제부터 그 자존감을 키우면 되겠네!"라고 이야기합니다. 어린아이들이 잘 먹고 잘 자면 키가 크고, 좋은 책을 보고 배움을 이어가면 마음이 덩달아 커지죠. 좋은 사람들을 만나 마음들을 잇고 배워가면 사랑하는 마음도 커집니다. 우리는 모두 무언가를 키우고 넓혀본 경험이 있습니다. 자존감

도 마찬가지로, 그렇게 조금씩 키워가면 됩니다.

누구나 자신을 소중히 여기는 마음을 꼭 가졌으면 좋겠습니다. 저는 20대에 가장 바닥의 시간을, 캄캄하고 기나긴 터널을 통과했습니다. 그 당시 용기 냈던 모든 도전이 실패로 끝나고, 희망하고 기대했던 꿈이 처절하게 짓밟혔습니다. 좌절하고 주저앉기를 반복하던 그때 저를 지켜준 것은 '적어도 나는 나를 포기하지 않아!'라는 그 마음 하나였습니다. 내가 나를 지키는 마음, 그 마음이 바로 자존감입니다. 우리 마음에도 근육이 있습니다. 몸의 근육이 꾸준한 운동을 통해 자라듯, 마음의 근육도 연습과 애씀을 통해 조금씩 단단해집니다.

눈에 보이지 않는 그 마음근육을 단련하기 위해 저는 삶의 작은 순간들을 귀하게 여기는 연습을 했습니다. 누군가에게 이메일을 하나 보낼 때도 내용을 두 번 세 번 읽어가며 정성껏 써낸 자신을 칭찬했습니다. 거절의 회신을 받더라도 '물어보지 않았더라면 새로운 사람을 찾는 일을 더 미뤘을 거야'라고 자신을 토닥였습니다. 그렇게 또 새로운 대안을 찾기 위해 밤을 새우고 나면, 포기하지 않고 계속 시도해나가는 내 모습이 멋지다고 혼자 작은 글씨로 일기를 썼습니다. 자존감은 이렇게 아주 작은 순간들을 스스로 시켜낸 힘으로 키워졌습니다. 매일 나를 지키는 마음을 키워가기 위해 28년이 지난 지금도 매일 밤 하루를 돌아보고 그 작은 순간들을 아껴가며 나를 지켜내는 수련을 합니다.

만약 자존감이 바닥을 치고, 걷잡을 수 없이 괴로운 마음이 든다면 주변에서 자신을 응원해줄 단 한 사람을 찾아보길 바랍니다. 혼자 바닥을 딛고 일어날 힘조차 없을 때면 손을 내밀어봅시다. 저는 그런 이들에게 응원을 전하는 '응원대장' 일을 평생의 업으로 계속해나가려 합니다. 자존감이 바닥나 있고 상처받아 웅크리고 있는 사람들에게 작은 묘책 하나를 손에 쥐여주는 사람이 되고 싶습니다. 그리고 이 책의 한 장 한 장도 그런 역할을 해주리라 믿습니다. 지금 이 순간 피드백으로 괴로워하는 누군가를 구해줄 비책이 되기를 바랍니다.

"비판은 마치 비처럼 뿌리를 망가뜨리지 않으면서도
성장을 북돋아줄 만큼 부드러워야 한다."
- 프랭크 A. 클라크